高橋裕文

岩田選書◉地域の中世21

中世東国の村落形成

中世前期常陸国を中心に

岩田書院

まえがき

中世東国は中央から見れば辺境の地として在地領主による開発と戦いの歴史に彩られてきたが、それは武士の発生から武家政権成立に至る歴史でもあった。武士がこれまで、古代から中世への変革を押し進める力となったと評価された反面、武士の発生の基盤となった農村は、領主に従属する領主型村落であったとする考えが長く続いた。

しかし、南北朝・室町期にかけて、鎌倉鶴岡八幡宮領の武蔵国佐々目郷や上総国佐坪郷并一野村等の郷村では、八幡宮の年貢増徴に反対する闘いが行われていたことが知られており、このことから、東国においても惣結合が成立していたと見られるが、それでもこれを支配の緩い寺社領だけであるとし、かつ小村の形成が弱い単一構成の村落であるとする解釈がなされた。しかしながら、これを孤立した運動と見るから評価が限定されるのであり、むしろそれ以前の平安・鎌倉期に遡って農村の実体を見るならば、その評価も変わるであろう。そこで、問題となるのが史料の不足であるが、これまで利用されてきた寺社や領主関連の史料であっても、観点を変えるならば新たな事実の発掘が可能となると考えられる。

よって、ここでは、平安・鎌倉期の社領(荘園)における沙汰人・住人の動向、惣荘的結合(第一章)、地頭支配下の郷村での農民の闘いと惣郷による用水・山野草木の管理(第二章)、さらには郷村の自治を担った役所の検注・年貢・下行などの実態(第三章)、および荘園の惣荘的結合が南北朝以降も形を変えて存続したこと(第四章)などを示した。こうした事象を、個々の問題と捉えるのではなく共通する部分をまとめるならば、惣郷が惣荘・郷村結合を表す文言であることから、これへの検討を加えることとした（終章）。

こうした総合的な郷村結合の形成および展開の過程を見れば、南北朝・室町期の東国農村の自立的動向も、決して孤立したものではなく一連の流れとして捉えられるのではないかと考えられる。

目　次

第一章　官務家領常陸国吉田社領における沙汰人・住人の動向
――平安・鎌倉期東国の村落形成について――

はじめに

中世荘園と地域社会との関連については、一九六〇年代初めに村井康彦氏により荘園類型化の一つとして在地領主層の公家への所領寄進により成立した寄進地系荘園が定式化された(1)。これに対して、小山靖憲氏は成立の契機だけで荘園の構造を捉える視点がないと批判し、領主制と中世村落を組み込んだ領域型荘園を提起した(2)。しかし、その後、永原慶二氏による寄進地系荘園(寄進型荘園)とそれに基づく「『職』の体系」の理論的枠組みが広く用いられるようになった(3)。これに対し、近年では川端新・高橋一樹・鎌倉佐保氏等の立荘論により、在地領主の私領形成と寄進による荘園の成立という下からのコースではなく、院政期に王家や摂関家による立荘への積極的な働きかけがあったことを明らかにされ、国家的な荘園成立の契機が主張された(4)。ただ、ここでも中世村落との関係はあまり視野に入っておらず、多様化した地域社会研究の成果をどう組み込んでいくかということが課題となっている。これまで、東国では辺境＝後進地帯という前提により在地領主の成立基盤としての荘園史研究がなされ、村落は小山氏により在地領主に従属的な「領主型村落」と位置づけられてきた。しかし近年では、海津一朗・高橋修氏等により在地領主についても農村を基盤とするのではなく、宿や町場を拠点として都鄙間流通を掌握したという見解が広がっているが(5)、これでもやはり東国村落の実体追究からは遠ざかっていると言えよう。その一方で、木村茂光氏等により中世荘園制のもとでの住人解や百姓等申状および住人・百姓成立などの研究も進展しており[6]、さらには村落や住人が近隣との紛争の中で成立し荘園の枠組みが作られていったという田村憲美氏の提言が出されている[7]。

そこで、本章ではそうした議論も踏まえ中世前期の東国荘園における沙汰人や住人・百姓の実体を明らかにし、その動向が荘園内外紛争とどのように関わっているのか、そうした中で中世村落がどのように形成されて行くのか考えてみたい。その検討対象として、平安末期に成立し鎌倉時代を通じて存続した、官務家領である常陸国吉田郡吉田神社(水戸市宮内町)社領における村落と住人の動向を取り上げたいと思う。吉田神社は茨城県の中央部を流れる那珂川右岸の千波湖を臨む東茨城台地北端に位置し、平安初期の「延喜式」で名神大社とされ、平安末期には常陸三の宮と称されるようになり[8]、その南には神宮寺である薬王院(天台宗、水戸市元吉田町)が建立された。その社領はほぼ旧水戸市域(合併された常澄町、内原町地域を除く)をカバーしている。

吉田神社と社領については『水戸市史』上巻で杉山博氏により詳細に分析され、官務家の小槻氏が領家となり、その下で社家による一円支配がなされ、地頭支配も介在していたが、農民の動向は室町期に活発になっていったことなどが明らかにされた[9]。これに対し、網野善彦氏は那珂郡から一〇世紀に分立した吉田郡を神郡として捉え、これを本拠として平清幹が一族を展開したとしたが[10]、高橋修氏は在地領主の在地基盤として郷村有力者との婚姻関係(婿入り婚)による私領の拡大化を唱えている[11]。また、最近では永井普氏により官務家小槻氏の吉田社領経営と地頭石川・馬場氏の支配について詳細な研究がなされている[12]。このように、小槻氏の吉田社領支配、地頭支配、社領構造などについて明らかにされてきたが、やはり領家と地頭との相関関係が主で、平安・鎌倉時代の住人の動向、農村構造についてはほとんど分析の対象から外されている。そこで、ここでは、中世前期の吉田社領の支配と沙汰人・住人の動向をさぐり、そうした中で東国における村落形成の過程について明らかにしたいと考える。

その際、史料として在地側の「常陸吉田神社文書」「吉田薬王院文書」、領家側の「壬生家文書」、幕府の『吾妻鏡』などを使用したいと考える。(13) しかしながら、「常陸吉田神社文書」はすでに神社が戦災に遭う以前に失われ、「吉田薬王院文書」も明治時代に正本が焼失していたためか、いずれも東京大学史料編纂所による影写本は作られていない。(14) 江戸時代の写本では、水戸彰考館所蔵本(元立原翠軒所蔵)、茨城県立図書館所蔵本(松羅文庫)、国立公文書館所蔵内閣文庫本(「楓軒文書纂」)、静嘉堂文庫所蔵本(小宮山楓軒本の模写本、二種)などがある。(15) このうち「常陸吉田神社文書」についての『茨城県史料』中世編Ⅱの解説によれば、諸本の系統は分からないが、彰考館の写本が祖本で正本に近いと述べこれを採用している。(16) 彰考館本は元立原翠軒蔵書であったことから翠軒が彰考館在任中に正本を写した可能性が高いという理由であった。

そもそも、吉田神社の正本は水戸藩主徳川光圀が巻子本三巻に仕立て別に写本一巻を作り、ともに箱に納めて同社に伝えられたものであった。これを江戸後期に写したのが水戸町年寄加藤善九郎(松羅)であったが、小宮山次郎衛門(楓軒)がこの写本を見た時には、誤りが多いので重ねて吉田神社の正本をもって比校したという。(17) よって、小宮山本の方が正本により近いということになろうが、実際に確かめるためには、この小宮山本の「楓軒文書纂」所収文書の署判者と同じ『花押かゝみ』の花押と比較する必要がある。(18) そこで、最初に領家となった小槻政重の長男小槻師経、その弟隆職の子国宗、その孫の淳方の花押を比べてみると、非常に似ていることが確かめられる。とすれば、楓軒本は正本を正しく写した信頼できる写本ということができよう。なお、竹内理三編『平安遺文』では「楓軒文書纂」を底本としているが、『鎌倉遺文』では「常陸吉田神社文書」「吉田薬王院文書」としか書かれていないが、底本は『平安遺文』に従ったと考えられ、検討の要ありという記載はない。ここで、両文書については『茨城県史料』中世編Ⅱ

所収のものを採用するが、部分的に疑問な点は、そのつど「楓軒文書纂」に当たり補正して使用したい。

一　平安時代の吉田社領の成立と住人の動向

1　官務家領吉田社領の成立

常陸国那珂郡吉田神社は先述のように現水戸市宮内町に所在し、千波湖を望む東茨城台地北側に位置している。律令制下の那珂郡は一〇世紀中頃には吉田郡が分立し(19)、さらに那珂東郡・那珂西郡に分割された。この三郡が国司の命により吉田神社の修造や遷宮造営費用を負担することになっており(20)、同社は本来那珂郡の鎮守としての性格を持っていたと見られる。吉田神社は式内社で、承和十三年（八四六）四月に位階が従五位下勲八等となり社格は大社から名神に引き上げられ、その後天安元年（八五七）五月には従四位下に、貞観五年（八六三）八月には従四位上に、元慶二年（八七八）八月には正四位下に引き上げられた(21)。平安末期には「国内第三之鎮主(守)、霊験無二之明神也(22)」として常陸三の宮とされ、その南には神宮寺である薬王院（天台宗、水戸市元吉田町）が建立されていた。

貞観十四年には新羅国海賊来襲に対する祈願を行い、毎年諸祭料および諸雑舎修理料租穀八三〇束（籾八三石）が支給されることになったがその後滞りがちになり、寛治四年（一〇九〇）に先例に任せて支給するよう堀河天皇の宣旨が出され宮司正六位上吉美侯《きみこ》氏・大祝大舎人氏が請文を出している(23)。この時の吉田社宮司は吉美侯氏はこれまで言われてきたような俘囚出身ではなく天平勝宝四年（七五二）の白布墨書（正倉院御物）にも「常陸国那珂郡吉田郷戸主君子部忍麻呂」とあるように吉田郷の伝統的な有力氏族でもあった(24)。

また、「天慶年中依二別勅願一寄二加封戸一、奉レ増二神位一(25)」として、天慶五年（九四二）、平将門・藤原純友の乱に際し朝廷からの要請により祈願を行いその功により封戸を加え、神位も一階贈位された(26)。しかし、こうして与えられた封戸も先の祭料・修理料と同じく次第に国衙より年貢が支給されなくなったため、吉田社では封戸田より直接年貢を収取できるよう「神田」設定への転換を図った。神田は令制に規定された不輸租田＝「不輸の地」であり、その「神人」は「不課民」とされた。しかし、在庁官人が非法の国役(天皇の代始めの大神宝使・御体御卜祓使役)を充て課し、郡郷の諸人が神境を押妨するようになったため、長承の頃(一一三二～一一三五)に社務を執り行っていた禰宜吉美侯氏が当社社務を左大史小槻宿禰政重に寄進し国司の妨げを停止させた(27)。こうした背景には斎藤利男氏の言うように、一一～一二世紀に国衙による国役賦課があり、在地郡司・刀禰がその指揮を受け下部組織化されていったことがあった(28)。

この寄進については壬生家文書では「件之社務者、有家高祖父政重宿禰去長承年中、依二吉美侯氏人寄附一執行」と記されている(29)。また後に小槻隆職が「当社者国司知通□任［　］年中尓親父摂津守□□(政重)申二賜官一、多年知行」(30)したと述べているように、常陸介藤原朝臣知迪《ともみち》在任中に父の政重が官に申請し吉田社領を賜り知行したのであったが、この結果、吉田社領は勅命による勅免地とされた(31)。こうして、吉田社領は封戸から不輸の神田設立へ、さらに小槻氏を領家とする勅免の荘園として成立したが、次第に吉美侯氏の名は神官の中から見られなくなり、社務はもっぱら大祝の大舎人氏が務めるようになっていった。

2　小槻氏の吉田社領相伝

さて、吉田社領を寄進された小槻氏は橋本義彦氏によれば摂関家に連なる有力貴族ではなく、律令制下において近江国栗太郡の豪族出身の実務官僚の新興貴族であった。その祖今雄(算博士)から四代目の奉親が文書を取り扱う左大史に任ぜられて以来、代々その職を務めてきたが、その間多くの官務家領の荘園が形成された。それは大きくいって、①小槻氏の私領、②主殿寮関係の所領、③太政官関係の所領に分けられる。太政官関係の所領は、文永年間の小槻有家注文の官中便補地によれば、その内訳は太政官厨家領、高倉院法華堂領、諸便補地であった。これらは、小槻氏が官務の地位を利用して太政官関係の便補地として知行権を獲得したものである(32)。同じ吉田郡の石崎保の場合は建久六年(一一九五)に本領主僧相慶より小槻隆職《たかもと》に寄せられ同九年に官厨家便補地に申し立てられた。しかし、吉田社領は長承年中に小槻政重に吉美侯氏より寄進されたが便補地として申し立てたことはない(33)。これは吉田社は土地ではなく社務そのものが所領として寄進されたためであろう。

ところが、文永五～七年(一二六八～一二七〇)の小槻有家請文案によれば一三か所の荘保と吉田社が「官中便補之号雖二相似一、孫子相承之寄已懸隔候歟」としていずれも類似のものも含めて官中便補と号していた(34)。これにより吉田社領は便補地の申し立てこそなされていないもののそれに準じて取り扱われていたということができよう。

吉田社領はその後、小槻政重から嫡男師経・次男永業等に伝領され、長寛三年(一一六五)に三男の隆職の知行する所となった。承安元年(一一七一)九月、吉田社社司より朝廷に対して寄進後も止まない勅事・国役の停止と隆職の子孫に社務を執行させるよう解状が差し出されたため、「承安二年就二本社申請一、被レ下二子孫相伝之宣旨一了」として隆職の系譜を引く者への相伝が保証された(35)。これは隆職兄弟間での相論が起きていたためと考えられる。この後、文治元年(一一八五)小槻隆職が源頼朝追討令を奉行したことが頼朝より咎められ、官務職を兄の子広房に替えられたが、建久二年(一一九一)には官務に再任された。しかし、その間朝廷では官務職を隆職・広房両人に分掌させようとする議論が起きていた。結果的に分掌はなくなったが、広房の系譜を引く大宮家と隆職の系譜を引く壬生家が分立し官務職を交互に務めることとなった(36)。小槻氏系譜と官務職就任の関係は次の通りである。

図1　小槻氏略系図（『図書寮叢刊　壬生家文書二』三七頁）○は左大史、数字は官務職就任順位

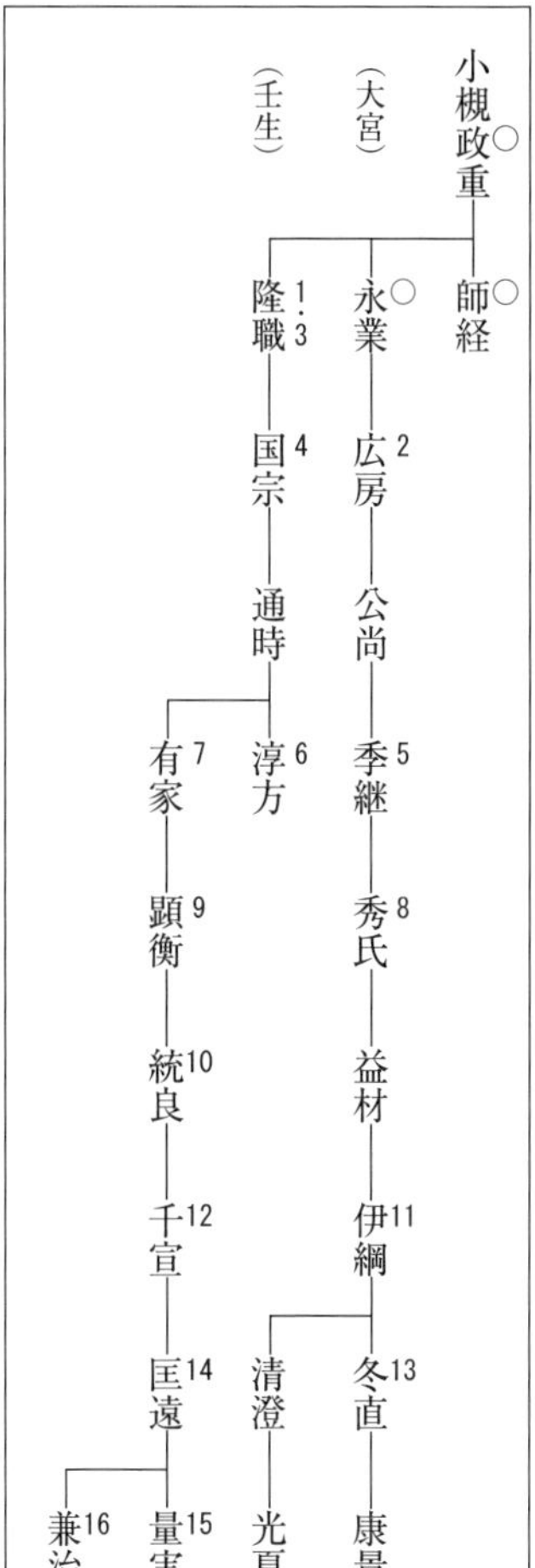

3　吉田社領の経営と在地状況

では、寄進された吉田社の経営はどのようになされたのであろうか。それについては、小槻政重の嫡男で左大史を継いだ師経が、久安五年（一一四九）に次のような下知状を吉田社に下している。

〔史料1〕吉田社領家小槻師経下知状写（吉田神社文書二号、『平遺』⑥二六五八）

＊一部「楓軒文書纂」により補正する。

□　□人并恒□

□□□□（可令勤カ）仕恒例神事等事

右、件事、近年不法之由已有二其聞一、□　□甚非常也、如在之礼可二其然一乎、慥任二先例一可レ令レ勤二行之一

一可下慥修二築社□（領）四至内堰一、耕中作神田等上事

右、件堰去年破損之間、田畠不作、有レ限之供神物并春季仁王会料等已以欠如、若是住人為レ対二捍公物一、不レ致二沙汰一歟、不レ修二造件堰一、不レ耕二作田畠一之輩、早可レ追二却神領之内一矣

一可丁任二久安□□□旨一、慥停丙止上下諸人乱二入四至内一致乙濫行甲事

右、件社四至之内、可レ停二止上下諸人濫行一之由、已被レ下二宣旨一畢、而□司領公民、傍庄住人各施二権威一、旁致二濫行一云々、事若実者、慥可レ注二進在所并交名一、若知而不レ□(申)者、神人又可レ処二重科一矣

以前条々下知如レ件

久安五年二月廿九日

左大史小槻宿禰(花押影)

その内容は、第一項では、近年の不法行為により神事が粗略の礼となっているので、先例通り恒例の神事を勤仕すべきこと、第二項では社領四至内の堰を修築し神田を耕作すべきこととし、堰が去年破損したので田畠が不作となり、供神物や春季仁王会料などが欠如している。これは住人が公物を対捍するため不沙汰しているのではないか。堰を修造せず田畠を耕作しない輩は早く神領内から追却すべきであるとした。このように、社領四至内の住人は春前には堰を修造し田畠を耕作する義務を負っていたが、こうした堰修理・耕作督促は律令制下でも公民に対して行われており、嘉祥二年(八四九)二月十二日付の加賀郡牓示札(石川県津幡町加茂遺跡)で田夫は溝や堰を修復すること、農業に勤しむべきことなどが郡司より指示されていた[37]。ただ、社領四至内の破損した堰の修築となると広範な共同作業が必要であり、住人にはそれを取りまとめ指揮する能力と権限がなければならなかった[38]。住人がそれをせず放棄すれば、荒野となり第三者による開発地となってしまう(三年不耕の原則)おそれがあったため、領家は耕作をきびしく督促し、違犯する住人は荘園法をもって追放するとしたのであった[39]。

第三項では、久安年間（一一四五～一一五一）に社領四至内に上下諸人が乱入し濫行を行っていることを停止する官宣旨が下されたが、国司領公民、傍荘の住人が権威を背景に濫行をしているという、これがもし事実であればその者の在所と交名を注進すべきであり、もし知りながら申告しなければ神人を重科に処するというものであった。この四至は神田の境をもとに社領寄進時に設けられており国役を防ぐための不入権の根拠となり、かつ上下諸人の乱入を防ぎ領域的支配を強化しようとするものであった(40)。このように吉田社領では周辺の公民、隣荘の住人との紛争が激化し、神人による四至の確立が急務となっていた。その実態についてほぼ同時期の次の仁平元年（一一五一）留守所下文を合わせ考えてみたい。

この文書は遥任国司（平頼盛）からの庁宣を受け留守所の目代が発給したものであるが、充て所はないが内容から見て吉田郡司に充てられたものであろう(41)。

〔史料2〕常陸国留守所下文写（『茨史』吉田神社文書三号、『平遺』⑥二七二七）

留守所下　吉田郡倉員
　可下早任二御庁宣旨一、令上領二知武田荒野一事
右、去二月十五日御庁宣三月廿四日到来偁、件別府（符）停二止則頼之執行一、為二倉員之名田古作弐町一之上、可レ令レ開二
作新作弐町一之由、請文顕然也、随又於二後後年一者、追年可二加作一之由、所二申請一也、則仍就二国益一停二止彼　則
頼之沙汰一、可レ為二郡司名田一之状所レ宣如レ件、然者任二　御庁宣之旨一、可レ令二領知一之状所レ仰如レ件、宜二承知一、仍
レ件用レ之、以下
　仁平元年四月八日　　　散位百済（花押影）
　　　　　　　　　目代散位中原朝臣（花押影）

武田郷は「和名抄」に見える郷であるが、これ以前に入部した源義光の三男義清の子清光は、大治五年(一一三〇)十二月二十日濫行があったとして国司より告発され父子とも甲斐国に追放されており、(42)そのため、開発者を失い武田荒野が生じたものと思われる。吉田郡倉員は別符名で則頼の沙汰であったが、これは鹿島神宮大宮司や大禰宜家(中臣氏)の通字である則の字を持っており本来則頼の仮名「倉員」を冠した鹿島社領の名であったであろう。(43)これにより先の傍荘住人とは鹿島社領倉員名の住人に当たると考えられる。ここでは郡司が倉員名田古作二町の他、武田荒野の開発を行うと請文を出したので郡司名田として領知を認めるとされている。(44)

この時期、郡衙は崩壊し郡司は国衙機構の執行役となっており、庁宣を受ける立場であった。(45)この郡司として考えられるのが平成幹《重幹》(摂津権守、従五位下)の子致幹の弟清幹であり、吉田次郎を名乗り、久安四年(一一四八)正月には肥前権守、従五位下の叙任を受けている。(46)権守は留守所の在庁官人の称号で郡司級豪族が名乗ることが多かった。(47)この郡司名田は本来公田を割いた郡司分職田のことであり、(48)先の史料一の「□司領公民」について『平安遺文』では□に社を充て社司領公民としているが、(49)社司給田は次に述べるように吉田社領内にあるのに対し、この場合は社領外であるので郡司領公民とすべきであろう。(50)この公民、住人らはおのおの国衙・郡司・鹿島社を権威の拠り所として吉田社領に対する進出＝出作を行っていたのであった。(51)

一方、先述のように吉田社領の住人は堰の修築、田畠の耕作の不沙汰、公物の対捍をし、領域支配への強化に抵抗を示していた。こうした住人の抵抗を抑え四至を維持するため社領における権力行使の任に当たっていたのが神人であり、「社司・神人給田」(52)というように社司同様給田を与えられた下級神職で神事祭礼の際の雑役、社域の警固、荘園の警備などの任を行っていた。(53)

以上、常陸吉田社は国衙の介入を防ぐため、社務を官務家である小槻氏に寄進し不輸・不入の勅免地として立荘し、領家小槻氏は社司に神事を勤仕させ、社領の四至を定め神人に警固させ、住人を指揮して灌漑や農耕に勤めさせた。こうして吉田社領は領域型荘園としての形を整えていった。

二　鎌倉時代の吉田社領の構造と経営

1　社領の景観・構造

先述のように、吉田社領は吉田神社を中心として四至で囲まれた一円所領であり、寛喜元年（一二二九）には総田数一五〇町六段半（一八〇歩）となっていた(54)。社領全体の内訳としては、次表のように安貞二年（一二二八）の検注分では吉田郷・西石河、酒戸郷・河崎郷・細谷村・吉沼郷・山本郷、仁治年間（一二四〇～一二四三）の検注分では常葉郷・袴墓郷・佐渡村・神生村・宇喜郷・垣(恒)丸名(55)で、合わせて八か郷と、分立した四か村、一名で構成されており、合計は一五三町七反一五〇歩であった。さらに、嘉元四年（一三〇六）の大田文では勅免地一五八町六段半とされた(56)。

表1　吉田社領郷村田数一覧

（吉田薬王院文書135号）

郷村名（現在地）	田数
吉田郷（水戸市元吉田町）	29町0反240歩
宇喜郷（水戸市城東）	25町9反240歩
酒戸郷（水戸市酒門町）	16町9反　0歩
袴墓郷（水戸市袴塚町）	14町4反300歩
山本郷（水戸市東台）	14町2反240歩
吉沼郷（水戸市吉沼町）	12町6反240歩
常葉郷（水戸市常盤町）	12町1反　60歩
河崎郷（水戸市城東）	10町3反300歩
佐渡村（水戸市常盤町）	8町7反240歩
細谷村（水戸市城東）	5町1反120歩
神生村（水戸市南町）	0町6反　0歩
西石河（水戸市元石川町）	3町2反　0歩
恒丸名（水戸市吉田町）	0町2反300歩
総計	153町7反150歩

社領はおよそ吉田神社周辺（吉田・酒戸郷）をはじめ、千波湖の西部（吉沼郷）、水戸市の下市一帯（山本・河崎・宇喜郷）、水戸台地（上市台地）の南西

部(袴墓・常葉郷)に分布していた。これにより社領の四至は、北は那珂川、東は恒富郷(水戸市旧常澄村)境、西南は長岡大戸郷(茨城町長岡・大戸)境、西は那賀郡衙(水戸市台渡)および河内(水戸市上河内・下河内)・安侯駅(笠間市安居)間の古代官道までであったと見られる。

2 領家の在地支配組織

では、鎌倉時代を通じて領家職を握り続けた官務家は、どのような在地支配秩序を形成していたのであろうか。同じく官務家領で便補地であった近江国細江荘の場合、寛元二年(一二四四)に小槻氏が荘務を執行させるため預所を補任し、それを荘司・住人に周知させており[57]、領家―預所―荘司―住人という直務支配の体制をとっていた。

吉田社領の場合も基本的にこうした直務支配の形をとっていた。小槻氏は社領管理組織として京都に預所を置き、定使に京―在地の間を行き来させ年貢の催促や社殿造営を行った。在地では社司の大祝・権祝が社務を、田所が所務を取り扱い、常陸平氏の吉田氏の一族石川氏が地頭として警察権を行使していた。さらに社領を代表する沙汰人や郷の代表である住人が年貢納入に当たっていた。小槻氏はこれらの執行に当たって、年貢を未進した場合は官使を派遣し譴責すると言いつつ、定使や社司の改替を行うなど領主権を行使していた。また、安貞二年(一二二八)には検注使紀氏を派遣し田所・地頭代とともに検注を行った。

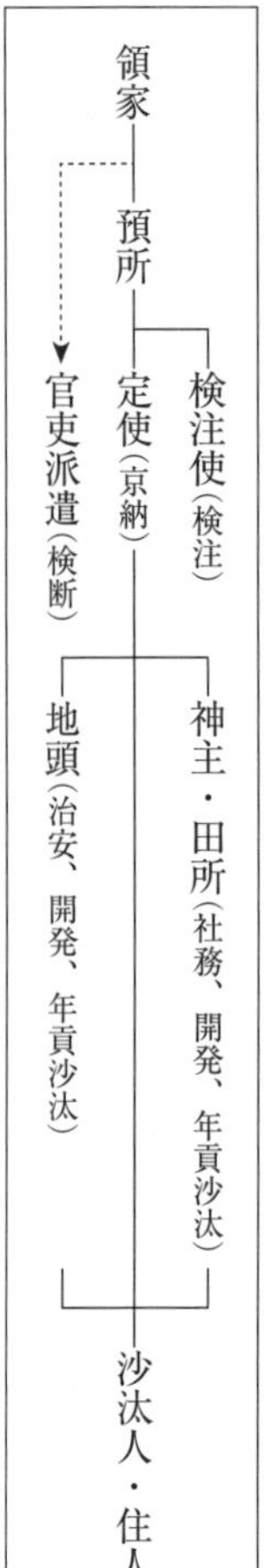

図2 吉田社領支配関係

3　地頭石川氏の役割と活動

吉田郡恒富郷石河村（水戸市元石川町）を名字の地とする地頭石川氏の社領における基本的役割は、警察活動であった[58]。犯過料の配分は「可下任二度度下知一停二止社内犯過人一為中地頭一人進止上事」として領家、地頭、田所・定使の間でおのおの三分の一とされたが、実際には地頭が独り占めするなど逸脱行為がなされた[59]。地頭の職務に対して、石川氏初代の家幹に「始而拝二領当郷一事」として正作田（給田）五町が与えられたが[60]、これについては年貢公事が免除されていた。

しかし、年不詳であるが吉田郷地頭職在家并田畠等目録写では、田九町六反小、畠一反となっており、その中に堀の内五反、門田一反という地頭拠点が形成されていた[61]。地頭給田はさらに拡大し、寛喜元年（一二二九）には本郷（吉田郷）・宇喜・常磐・袴墓郷内に給田があったが、それは伊勢神宮役夫工米未進分として本郷で三石七斗（約一四町二反）、その他の郷合わせて三石三斗（約一二町七反）となっていた[62]。建長三年（一二五一）には石川家幹の孫の平（山本）忠幹は惣田数二二町四反半を持っていたと述べている[63]。石川氏はこうして知行地を拡大して一族を配置し、下地管理権や徴税権を行使していった。

一方、忠幹との系譜関係は明らかではないが、地頭平（山本）保幹は、宝治年間（一二四七〜一二四九）に田所得分を抑留し平民百姓の手足公事を打ち止めたとして、田所成経より幕府に訴えられたが、逆に保幹は成経が地頭を忽諸せしめたとして、越前前司殿（北条時広）に訴え所職を改易させた。その後成経が地頭に敵対しないと願ったので再び安堵されたが、田所得分については成敗を得るに至らなかった。地頭はその後も田所得分を返さなかったため、正安四年（一三〇二）に成経の孫で田所の長恒が幕府に訴え、保幹の孫幹盛より重陳がなされた[64]。この結果、徳治二年（一三〇七）幹盛は敗訴となり、田畠・在家を神官に返すよう守護使節の打ち渡しがなされた(65)。

このように地頭は、長期にわたって田所得分を押領しつつ田所に圧力を掛け、重陳状で田所職を「地頭領家之計」とまで言うようになった。

4 地頭・住人による薄地の再開発

建長二年（一二五〇）の領家小槻淳方下文写(66)で、神生《かのう》・佐渡《さわたり》村地頭・住人等に「当社領内彼両村、本依レ為二薄地一、暫可レ為二五束代一」と神生・佐渡両村が薄地であったので、熟田となるまでの間、年貢を半分の反別五束とする下知を出したところ、年を経る間に誤って他郷まで復興させてしまった。そのため、元の員数の通り年貢（反別一〇束）を済ますよう下知したが、いまだに半分しか納めていないのは「頗以自由也」であり、熟田となったのに「何可レ令二対捍一哉」と非難している。吉田社領の年貢は穀納であるので、この反別五束というのは稲一束から穀で一斗（舂米で五升）取れるとされており(67)籾五斗にあたる。よって、本来は反別一〇束＝籾一石であった。
神生・佐渡村は前出の吉田郷等田地検注目録（表1）によれば、神生村は作田六反、佐渡村は作田八町七反であり、特に佐渡村の再開発が突出している。この再開発は地頭と住人が行っていたのであるが、地頭は百姓逃亡跡の田地の開発でも定使と能田を争い薄田は忌避する傾向にあったので(68)、この場合は年貢半減に誘われた住人等の積極的な再開発行為があったものと考えられる。この佐渡村は常葉郷内で千波湖北西の台地内を流れる佐渡川の両岸にあり、井堰を設け谷津田を再開発していったのであろう
以上、吉田社領は鎌倉時代には四至に囲まれた一円所領であり、惣田数は一五〇町歩であった。その支配は預所―定使―田所・地頭―沙汰人・住人のラインで行われた。

三　社領沙汰人の役割

1　沙汰人・住人充て小槻家下文

さて、小槻氏より吉田社に発給された下文・御教書には、次のように沙汰人・住人充てのものが含まれている（表2）。

これらの年代は承久元年（一二一九）～正和五年（一三一六）であるが、領家は、社領・郷村の指導者である沙汰人・住人を指揮することを通じて、社領の経営を行おうとしていた。一般的に中世において、文書受給者と充て所は一致しないとされるが(69)、これらの文書はまず所蔵者である吉田社神官が受領したものと考えられる。では、これはどのように充て所に伝達されたのであろうか。これについて井原今朝男氏は、住民には「廻沙汰」という回覧がなされ周知させていたと述べている(70)。後代のものではあるが、元弘四年（一三三四）正月五日の吉田社神主・田所充ての小槻某下文写では、吉田社領を小槻氏に安堵した綸旨案文と本所御教書案文を遣わすので「忩々相二触此趣一」れるとともに、そして預所職補任について「先其間忩可レ被レ相二触郷々一」とそれぞれ急ぎ郷々に触れさせている(71)。このように文書を回覧し、住人に領家の意志を伝え各郷村において合意形成を図ったのである。こうした領家の下文は在地の状況を把握した上で出されなければならないが、それは在地からの申状によってなされていた。

年不詳四月十九日小槻有家（官務職在任、建長四年〈一二五二〉～弘安三年〈一二八〇〉）御教書写には「正月廿七日御申状二十一月廿日到来、条々遂二参洛一、可レ被レ申二子細一候、委可レ有二御問答一」(72)とあるように、田所からの正月二十七日の申状が二月二十日に二四日かかって京都に到着したが、この内容について小槻氏は、田所が上京し子細を述べ問答する

表2　地頭・沙汰人・住人充ての下文・御教書(吉田神社文書)

年代	下文・御教書	沙汰人・住人充て	内容	文書番号	『鎌遺』文書番号
承久元年	吉田社領家小槻某預所藤原某下文写	本郷(吉田郷)沙汰人神官等	地頭雑事停止等	19号	④ 2524
文暦2年	吉田社領家小槻某預所僧某下文写	地頭住人等	田所職補任	28号	⑦ 4750
宝治元年	吉田社領家小槻某預所藤原某下文写	郷郷地頭住人等	伊勢神宮役夫工米	32号	⑨ 6825
建長2年	吉田社領家小槻某預所僧某下文写	神生・佐渡村地頭住人等	年貢催促	33号	⑩ 7217
文永2年	吉田社領家小槻某預所藤原某下文写	酒戸・吉沼・河崎等郷住人等	田所職補任	38号	⑬ 9480
弘安元年	吉田社領家小槻某預所僧某下文写	本郷吉田郷住□□(人等ヵ)	田所職補任	44号	⑰13215
弘安2年	吉田社領家小槻某預所藤原某下文写	本郷并山本・河崎等地頭住人等	3か郷郷務	45号	⑱13775
弘安8年	吉田社領家小槻某預所僧某下文写	吉田社領住人等	伊勢神宮役夫工米	48号	⑳15614
弘安9年	吉田社領家小槻某預所藤原某下文写	吉田郷住人等	大舎人重恒知行地	49号	㉑15889
正和5年	吉田社領家小槻某預所僧某下文写	吉田社領等沙汰人	田所職補任	63号	

よう命じており、より正確な実情の把握に努めていた。

2　沙汰人の立場

さて、中世前期の沙汰人について大山喬平氏は、丹波国大山荘で「むら」共同体内部の伝統的権威を持つ右馬尉を、沙汰人職という荘園所職の一端に登用することによって、その背後にある「むら」共同体を実際に制御していた、と述べている。これに対し蔵持重弘氏は、古老・沙汰人とは荘園在地で水利・祭祀を支配し経済的・政治的に優位性を持つ人々の集団で、荘園領主に補任されて古老沙汰人になるのではなく、実力のままに地位を保持している人々であるとした[73]。

次の『吾妻鏡』建暦二年（一二一二）六月十五日条によれば、吉田社領家小槻氏は社領内の「地下沙汰人等」が本所（領家）所務を妨げているとして、文治二年（一一八六）閏七月二十五日の将軍頼朝下知の先例をもって幕府へ訴えた。

〔史料3〕『吾妻鏡』建暦二年六月十五日条（『吾妻鏡』前篇、吉川弘文館、一九三二年、六六四頁）

十五日、己丑、常陸国吉田庄地下沙汰人等、濫‐妨本所所務一、且任二去文治二年閏七月廿五日故右大将家御下知一、為二関東御沙汰一、可レ被レ付二彼下地於本所一之旨、訴申之間、為二広元朝臣奉行一、有二評議一、謂文治御下文者、可レ有二計成敗一之間、就レ被レ下二 院宣一、御沙汰訖、今度無二其儀一也、且非地頭輩事、以二本所沙汰人等濫吹事一、無二左右一難レ覃二御裁許一之由治定、今日載二其趣一、被レ出二御返事一云々、

小槻氏はこのように、「地下沙汰人等」の所務を妨げる行為に対して下地を本所に付けさせるよう訴えたが、幕府の評議では、文治の下文は院宣によるものであり、かつ本件は地頭による妨げではなく「本所沙汰人等」の濫吹であるとして訴えを取り上げなかった。小槻氏の言う下地を領家に付けさせるということは、沙汰人を下地支配から切り離そうとしているのであり、このことは翻って考えれば、沙汰人と在地との強い結びつきがあったことを示している。

それでは、なぜ小槻氏は沙汰人を改替しようとしなかったのであろうか。それは、そもそも任命していなかったからであろう。沙汰人は強い在地基盤を持ち実体的に在地の代表者・統括者であったのであり、荘園領主はそれを追認し年貢沙汰を命じていたのであった。

しかし、沙汰人の役割は年貢所務だけでなく、土地の管理を行うなど多岐にわたっていた。承久元年（一二一九）五月二十六日の小槻家預所藤原某下文写[74]では、吉田社領内の本郷（吉田郷）沙汰人・神官等に対し、「可三儙‐停止地頭雑事田所権祝名垣内一、又一所字宿戸宛‐行雑役一事、可二停止一」として、田所名への地頭雑事、字宿戸への雑役の充て行

いの停止のほか、年来の給免苧桑・給田米秫（穎）把稲籾の免除、山本郷の田所名と川崎郷の垣内との交換などを指示していた。ここで問題となっている本郷（吉田郷）・山本・川崎郷の三か郷については、神主友恒が郷務権を持っていたが、その実権は沙汰人が握っており、地頭が田所名に雑事を掛けるのを阻止し、かつ郷と郷の間の土地交換の管理などの役割を持っていた。

その上、沙汰人は対外的にも吉田社領の在地を代表する立場でもあった。文保三年（一三一九）常陸惣社（石岡市惣社）は、社殿造営のため常陸国内の一九人の郷地頭等に造営料負担を掛けようとしたが、ほとんどが拒否の請文を出している。そのうち地頭以外は吉田社沙汰人臼根三郎入道だけであった[75]。これら各郷の地頭は元守護や在庁を含む小田氏・益戸氏・常陸大掾氏・税所氏などの有力者であったが、吉田社の場合は地頭や田所ではなく、沙汰人臼根三郎入道が社領全体を代表していた。この臼根三郎入道は姓を名乗っており殿原＝侍身分であったと見られる[76]。

以上、沙汰人は在地社会の代表者・統括者で強い在地基盤を持ち、荘園領主より追認されて、年貢所務・土地の管理に当たったが、その一方で検注結果をめぐり荘園領主と対立し年貢未進を行うこともあった。

四　郷住人の動向

1　住人の実体

「住人」については小山靖憲氏・木村茂光氏らにより議論がなされてきたが、住人は、はじめは「そこに住む人」というような一般的な意味であったが、一一世紀中葉より①政治的に編成された荘領などの領域内に居住する者、また、②刀禰と並ぶ村落結合を代表する役割を持っている者を指すようになったとされる[77]。①としては、先の一で述べたように郡司領公民に対して傍荘住人として荘領に住む者を指す。しかし、吉田社領の住人については、社領内の堰を修築し、田畠を耕作し、公物を納める責任を負っており、そのためには共同作業を組織し指揮する権限がなければならなかった。その前提として村落結合があったことは確実であり、②のように住人はその代表者であったと言えよう。

それでは住人の実体については、年代は下るが次の応安元年(一三六八)の史料によって見てみたい。

〔史料4〕大野郷住人兼家売券写(吉田神社文書七四号)

ゑいたい《（永代）》をかきてうりわたす《（売渡）》□□《（田在カ）》家の事

合あたい《（直）》の銭弐拾貫文者

右、件田在家ハ、ひたち《（常陸）》の国吉田第三の社の内、吉□《（田）》まさつね《（政恒）》か重代さうてん《（相伝）》のミやう《（名）》田畠也、「　」の又三郎兼家の方より半さいけまへ《（在家前）》の「　」かあと《（跡）》のやしき《（屋敷）》なり、田つほ《（坪）》ハ、いや井□南□□つて「　」いめひはく《（明白）》なり、かのうら《（裏）》のさかい《（境）》ハ、東ハ平太「　」のくねをかきる《（限）》、南ハいや《（弥）》六入道かうしろ《（後）》のはた《（畠）》「　」かきる《（限）》、西ハちたう《（地頭）》入道かさいけ《（在家）》をかきる《（限）》、北ハいくしまうらのくねをかきる《（限）》、しかる《（然）》をさいけ《（在家）》半「　」三段を、永代をかきて《（限）》しろ《（代）》のよう□□《（とう）》弐拾貫□《（文）》にうりわたす《（売渡）》ところ《（所）》しち《（実）》なり

よつてせうもん《（證文）》のためにうりけん《（売券）》の状如ㇾ件

応安元年つちのへさる《（戊申）》八月卅日

うりぬし《（売主）》常州国大野郷住人兼家(花押影)

これは、吉田郡大野郷(水戸市東大野・西大野・中大野・圷大野・下大野)住人である兼家(又三郎)が、田所・大祝の大舎人政恒の重代相伝の社内吉田郷名田畠内の田在家を二〇貫文で売却する際の売券文書である。この田在家は史料の

文字が判読できない部分があるが、半在家の屋敷と田三段で構成されていた。住人兼家はなぜ田所名内の田在家を売却できたのであろうか。

文永七年(一二七〇)吉田社領家小槻有家御教書写には「当郷(吉田郷)恒丸名三反小不レ弁二所当一事、太無二其謂一、自二当年一者懸二本名主一、可レ有二其沙汰一」(78)とあり、吉田郷恒丸名(神官名)の所当未進について今後は本名主に懸けて沙汰すると述べている。この懸けるとは、代償あるいは保証として差し出すという意味であり(79)、本名主が恒丸名の年貢未進の肩代わりをすることになった。豊田武氏によれば、本名主とは在地の有力名主で脇名の年貢公事の徴収を請け負い、本役無沙汰の場合は本名主として償う義務を負っていた(80)。これから考えれば先の大野郷住人恒家は、代《しろ》(抵当)の用途のため田所名の田在家を売却したことから本名と同様の立場であり、実体は本名主であったと考えられる。

では、住人と他の百姓との関係はどのようになっているのであろうか。建長八年(一二五六)正月の小槻有家下文写(81)で、小槻家が本郷(吉田郷)の田地一町を吉田社に寄進するにあたり、「件田者、僧広快爲二沙汰一可レ令レ執行状如レ件、仍住人百姓等更勿二違失一」と僧広快による沙汰執行を住人・百姓に周知させている。このように吉田郷には住人と百姓の二つの階層があったが、これまでの下文の充て先としては郷では住人が多かった(表2)が、これから考えると、住人は百姓の上に位置しており郷を代表する存在であったと言えよう。

2 住人による幕府訴訟

大山喬平氏によれば、文治二年(一一八六)には本所・領家領において地頭の荘務不介入の原則が成立しており、名主百姓等が住人百姓等解を本所・領家に提出し、領家の雑掌が地頭の非法を幕府へ訴えることができるようになった(82)。次の承久三年(一二二一)吉田社領家小槻国宗下文写では、領家小槻家の社領支配が幕府により「不レ可レ有二別事一」と保証され、かつ地頭の荘務に対する煩いを神官・住人らが訴えることができるという方針を重ねて伝えている。

〔史料5〕承久三年閏十月二十四日吉田社領家小槻国宗下文写（吉田神社文書二一号、『鎌遺』⑤二八七八）

（小槻国宗）（花押影）

当社内事、不レ可レ有二別事一之由、鎌倉殿仰分明也、如レ状者、以前之沙汰地頭等自由之下知歟、此上云二神官一云二□（住カ）人一、若有二其煩一者、可レ被レ申二上子細一、重可レ被レ申、鎌倉殿之状如レ件

後十月廿四日　（三善）造東大寺次官（花押影）

（異筆）「承久三年」　吉田社神官等中

これに関係するものとして、年不詳十一月三十日相模守（執権北条貞時）充て小槻顕衡書状写[83]では、この承久三年（一二二一）「不レ可レ致二狼藉一」の下知が地頭馬場資幹に下されたと記されている。この馬場資幹とは石川家幹の次男で、源頼朝に重用されて御家人となり建久四年（一一九三）多気（平）義幹失脚後常陸大掾職（惣領）を継承していた。この幕府方針により、官務家小槻顕衡は「常陸国吉田社領内吉田・山本・河崎三箇郷雑掌訴申、郷々地頭抑二留年貢一事、申状四通進二覧之一」として、吉田・山本・河崎郷三か郷と雑掌が郷々地頭の年貢抑留を訴えた申状四通を執権北条貞時に差し出し、厳密な成敗を求めたのであるが、この申状は雑掌が一人で四通も書くはずはないので、三か郷の住人と雑掌が書き幕府へ提出したものと考えられる。このように、これら住人は郷の代表として領家から下文の充て先とされる立場でもあったが、地頭の年貢抑留や荘務への介入に対しては幕府へ訴えることも可能となり、住人の自立的立場が法的にも認められていた。

五　沙汰人・住人の異議申立

1　沙汰人・住人の未進行為

前述のように沙汰人・住人は社領や郷村の指導者であったが、その一方でしばしば領家と対立する側面も持っていた。次の承元元年（一二〇七）吉田社領家小槻国宗下文写によれば、建久九年（一一九八）以来、沙汰人・住人たちは年貢を未進していた。

〔史料6〕承元元年十二月日吉田社領家小槻国宗下文写（吉田神社文書五号、『鎌遺』③一七一〇）

右「　　　　」正文等可㆑令㆓取進㆒也

一可㆔早注㆓進去建久九年以後年貢進未㆒事

右、年々未進雖㆑有㆓其数㆒、一切不㆑致㆓沙汰㆒、云㆓諸庄園㆒、云㆓諸国㆒無㆓此例㆒、住人等所行未曽有事也、慥且造㆓進彼年以後結解㆒、且可㆑究㆓済未進㆒、若此上尚於㆑致㆓対捍㆒者、申㆓下官使㆒可㆑令㆑加㆓苛責㆒也

一可㆔不日言㆓上子細㆒、今度解文不審条々事

右、可㆓募申㆒之把稲与可㆓進物㆒員数相違、若沙汰人偏頗歟、将又夫領犯用歟、次解文切続之不㆑捺㆑印、旁非㆑無㆓不審㆒、沙汰人無㆓所㆑進之物㆒、於㆑令㆑募㆓巨多把稲㆒者、罪科不㆑軽者也、慥可㆑令㆑弁㆓申子細㆒也、且件解文遣㆑之、見令（令見カ）㆓地頭㆒之後可㆑返㆓上之㆒

一可㆔同申㆓子細㆒、御仏事料紺藍摺並茜糸不㆑進事

右、件物等不㆑可㆑進㆑之由、称㆑有㆓大隅前司信重下文㆒、一切不㆓沙汰進㆒、件条非㆑無㆓不審㆒、早可㆑進㆓上件下文正

文一也

以前条々依レ仰下知如レ件

承元元年十二月　日

散位紀朝臣（花押影）

この第一項の事書では、建久九年以来の年貢進未（過上・未進）を注進すべきであるとしている。その内容として、年々住人たちにより年貢未進が嵩み「一切不レ致二沙汰一」として諸荘園・諸国に比べるものがないというほど住人等の所行は未曽有のこととなっている。そして、建久九年以来の未進分を結解して完済するよう要求し、この上対捍するならば官使を申し下し、苛責を加えると厳しく述べている。第二項では、沙汰人が差し添えた解文で収納した稲と進納物の数が一致せず沙汰人が偏頗しているのか、夫領が犯用しているのか、解文の継ぎ目に捺印がなく内容が不審である。もし、沙汰人が年貢を進納せず大量の把稲を集めているならば罪科に当たるとし、この解文を地頭に差し戻して確認させようとした。第三項では、仏事料などを進納しない根拠は大隅前司重信の下文にあるというが、このことについても不審なので正文を差し出させようとしている。

これら沙汰人・住人の未進は建久九年以降というのであるから、これはその年に行われた検注の結果について検注使・田所・地頭・住人の間で目録固めが完全になされず、不一致点につき年貢未進が続けられていたのであろう。建久元年～建仁元年（一二〇一）と見られる上総国の一国検注でも検注使隆覚は正検の法で行えば「百姓安堵之義」となるが、不作・損亡の田地を検注し年貢を掛けようとすると百姓が逃亡し亡郷になってしまうと述べている。[84] また、沙汰人が徴収しているのは把稲であるが、領家への進納物は絹布となっていた。[85] 沙汰人は年貢を夫領（宰領）を使って運送し京納していた。田中克行氏によれば、夫領は領主への年貢運搬を行う統括者であり、現地の百姓が給分を与えられ運送に従事したものであった。[86] 沙汰人は年貢とともに領家に収納の解文を送っているが、これは年貢の結解状（算用状)のことと考えられる。また、仏事料未進の根拠となっていたのが小槻家預所下文(大隅前司重信下文)であったが、こうした下文の内容に異論を挟み未進を行う動きが、すでに郷村の中で現れていた。

2 甲乙輩の自由横論

すなわち、寛喜元年(一二二九)七月日の吉田社領家小槻某下文写には、次のようなことが記されている。

〔史料7〕寛喜元年七月日吉田社領家小槻某下文写(吉田神社文書二七号、『鎌遺』⑥三八五七)

下　吉田社

仰下雑事参固(箇)条

一可三自今以後慥令二糺断一、甲乙輩、称レ蒙二下知一、暗致二非論一事

右、大小之事遼遠之間、暗以レ詞非レ可二下知一、何就二構申一可レ令二承知一哉、而近年云二社内住人一、云二京下定使一、或乍レ帯二其状一不レ令二披見一、或雖レ無二其状一以レ詞構申、任二自由一致二横論一之時、不レ糺二其虚実一、暗就二彼謀計一遵行之間、社内之濫吹只在二于斯事一、自今以後、不レ披二見其状文之外一、縦雖レ称二領家下知一、又雖レ号二預所成敗一、不レ可二承引一、慥尋二出証文一、宜レ令二糺行一、若猶雖二一旦一令二遵行一者、可レ為二沙汰人之過怠一也(後略)

この第一項の事書では、甲乙輩が下知を受けたとして暗に非論を行っていることを糺断すべきであるとしている。それについて主語を補うならば、(領家は)遠く離れているので大小の事柄について暗に言葉で下知を下すことができない。しかし、(甲乙輩が)何か構え申していることについて承知しているのであろうか。近年、社内住人や京下定使がその書状を持ちながら見せず、あるいはその書状がないのにそう言い張り自由に任せ横論をしている時に、(沙汰人が)その虚実を糺さず暗に彼の謀計に付いて遵行することは社内の濫吹である、今後は(社内住人や京下定使が)その

状文を披見させず領家下知や預所成敗と言っても認めるべきではない。たしかにその証文を尋ね出し真偽を糺し、もしそれを一旦でも遵行した場合は沙汰人の過怠とする。ということとなった。

事書きで言う甲乙輩が下知を蒙り非論をしていることと、社内住人・京下定使がその書状を持ちながら披見させず自由横論をしていることは同一であり、甲乙輩とは社内住人・京下定使のこととなる。定使は、京都と在地を往復し年貢公事の上納や文書の送達を行う役であり(87)、この下知の書状は、京下定使が京都より在地に持参し社内住人に伝えたものであろう。下知内容により、社内住人等が非論・自由横論を行いその謀計に沙汰人までもが追従し遵行しようとしていたことが知られる。

以上、沙汰人は社領の年貢納入の責任者であり、住人は郷村の代表者であったが、建久九年の検注の確定がなされず年貢未進を続けていた。社領では住人が京下定使の持参した領家下知を受けたとして領家の意図に反する自由な横論が行われ、その謀計に沙汰人までも追随するような状況となっていた。

六　吉田社領の郷村結合と惣郷(惣荘)

1　住人・百姓の階層

これまで沙汰人・住人について検討してきたが、郷村の構造はどのようになっているのであろうか。安貞二年(一二二八)十一月、領家検注が行われ検注御使紀氏、社田所権祝大舎人氏、地頭代が検注帳に署判しているが(88)、紀氏は同年十一月に預所として「(前欠)右以□　□公事等無二懈怠一可レ被二沙汰一、地頭百姓等宜二承知一、敢不レ可二違失一、依二本家仰一下知如レ件」という下知状を出している(89)。これは検注を受けて地頭知行地の年貢・公事を懈怠なく沙汰するよう地頭・百姓等に命じたものと思われるが、検注結果を地頭だけでなく百姓も承認し実行することを求めていた。この安貞二年検注帳(吉田郷・西石河・酒戸郷・河崎村・細谷村・吉沼郷・山本郷など)で残されているのは酒戸・吉沼田地検注帳写であるが、そこにはすべての田地に坪単位の通し番号が打たれ、その下に面積と名請人が記されている。この両郷の田地を名請人ごとに集計し、多い順に(a)〜(d)に区分してみると表3のようになる。

表3　安貞2年 酒戸·吉沼郷田地保有状況

(吉田神社文書83号)

		3筆分前欠　　小計	3反 40歩
(a)	1	恒安	3町1反 60歩
	2	名主	2町7反240歩
		2町以上	合計5町8反300歩
(b)	3	守直	1町6反
	4	四郎細工	1町5反300歩
	5	⑤春三	1町5反300歩
	6	⑥中三郎	1町4反180歩
	7	⑦二郎細工	1町3反300歩
	8	⑧春宮	1町1反180歩
	9	⑨牧士	1町1反
	10	⑩四郎別当	1町　240歩
		1町以上	合計10町9反 60歩
(c)	11	検校宮権太	7反240歩
		5反以上	合計　7反240歩
(d)	12	宮四郎禰宜	4反300歩
	13	彦太清様	4反200歩
	14	左平二案主二	4反
	15	押領使	4反
	16	物四郎禰宜	3反300歩
	17	藤平	3反120歩
	18	三宝	2反120歩
	19	琵琶入道	1反300歩
	20	近藤	1反300歩
	21	源二郎宮	1反120歩
	22	権三郎	1反 60歩
	23	島三郎	1反
	24	一寸宮	60歩
		5反以下	合計3町4反 80歩
	総計		21町3反

ここで、(a)二町以上二人(名主、恒安)の場合、恒安は田所の通字の恒と共通しているので、これは田所の仮名であり、もう一人は名主と名乗っているが本名主のことと考えられる。次いで、(b)一町以上八人、(c)五反以上一人は自立した経営が可能であるので百姓にあたるであろう。(d)五反以下一三人は経営が小規模であり小百姓(散田作人)という

表4　建長2年 平(山本)忠幹所領の内四郎政幹押領分(吉田神社文書84号)

№.	区分	百姓・面積	面積合計
1	前欠	前欠(百姓一宇)	(小計1町9反60歩)
2	前欠	前欠(百姓一宇)	
3	大〃〃	百姓神官小禰宜　田1町1反300歩、内祭田2反・神官給3反	1町1反300歩
4	大〃〃	百姓小太郎入道地頭代官也　田1町8反、内72反、号新田	1町8反
5	大〃〃	百姓又次郎跡　定田8反	8反
6	大〃〃	百姓京藤太　　定田8反	8反
7	大〃〃	百姓藤三　田1町3反大、内井料1反 (№.3～7、有家7宇)	1町3反大
8	小〃〃	百姓藤七郎　藤三同内也、田加本在家歟	
9	小〃〃	地頭代官小太郎入道知行、自本在家 (№.8・9、無家2宇)	
計		在家9宇(有家7宇、無家2宇)	総計田7町8反半、 内祭田5反

ことになろう。

また、建長八年（一二五六）正月の小槻有家下文写[90]で、小槻氏が本郷（吉田郷）の田地一町を吉田社に寄進するにあたり「件田者、僧広快為㆓沙汰㆒可㆑令㆓執行㆒状如㆑件、仍住人百姓等更勿㆓違失㆒」と僧広快による沙汰執行を住人・百姓に周知させている。このように吉田郷には住人と百姓の二つの身分があったことが知られる。

このうち百姓の実体を具体的に記した史料として建長三年十一月平忠幹注進状写がある[91]。これは吉田・山本郷地頭である山本忠幹が弟四郎政幹に所領を押領されたため訴訟となり、押領分の概略を注進したものである。それをまとめてみると表4のようになる。

①No.1・2は前欠であるが、合計からNo.1〜9の数字をそれぞれ引くと百姓二宇、田一町九反と推定され、一字当たり九反一八〇歩となる。②No.3〜7は一町三反から八反の田と家を持つ百姓であり、区分は「大〃〃」とされている。これに対し、③No.8・9は

田も家も持たず区分では「小〃〃」とされている。このうち№8百姓藤七郎は№7の百姓藤三の所に「同内」として含まれ、「田加二本在家一歟」と田地も本在家に付属している脇在家（小百姓）ということなので（この№8の百姓とは小百姓を意味する）、№7百姓藤三は本在家ということになろう。№9は百姓ではなく名前も記されず「自二本在家一」と本在家より借地して耕作しており、浪人に近く定住しつつある間人（平民百姓の最下層）であろう。[92] とすれば、土地保有の大きい②の№3〜6、さらに①№1・2も№7と同様本在家であるということができよう。

豊田武氏は、長寛二年（一一六四）の高野山検校以下在家田畠支配状で検校の免家が大家・小家と区分されていることについて、一般的には本在家・脇在家であると述べている。[93] とすれば②№3〜7（№1・2を含む）の「大〃〃」は大在家（本在家）を示し、③の№8・9の「小〃〃」は小在家（脇在家）を示していると言えよう。本在家の場合は先記表3の階層区分では(b)(c)（(a)も含む）に当たり、その内には№3の神官小禰宜や№4の地頭代官小太郎入道のような支配の末端に連なる人物も含まれていた。さらに、№7の百姓藤三は井料一反を耕している。これは用水の井堰を補修・修築する費用を賄うための給免田あり、[94] 百姓藤三は用水を管理する立場であったと考えられる。ということは、これらの百姓は郷村内での生産活動や支配の末端を担う重要な役割を担っており、郷を代表する住人とともに郷村の中心的存在であった。ただし、住人と百姓の関係について、木村茂光氏は一一・一二世紀の住人は一三世紀には百姓と呼ばれるようになるとして住人が百姓に転ずるとした。[95] しかし、それは先述の住人の意味区分の荘園の住民の場合であり、郷の代表としての意味の住人は建長八年においても生き続けていたと考えられる。

さて、これまで社領郷村の沙汰人（有力名主）、郷代表の住人（本名主）とその構成員である百姓（本在家）・小百姓・間人（脇在家）の階層的実体とその動向を見てきたが、村落結合の中心となっているのは名主上層（住人・本名主）と百姓であった。これをまとめて図化すると、次のようになろう。

図3　吉田社領郷村の村落構造　預所・雑掌・田所・地頭などの中間管理機構は省略する。

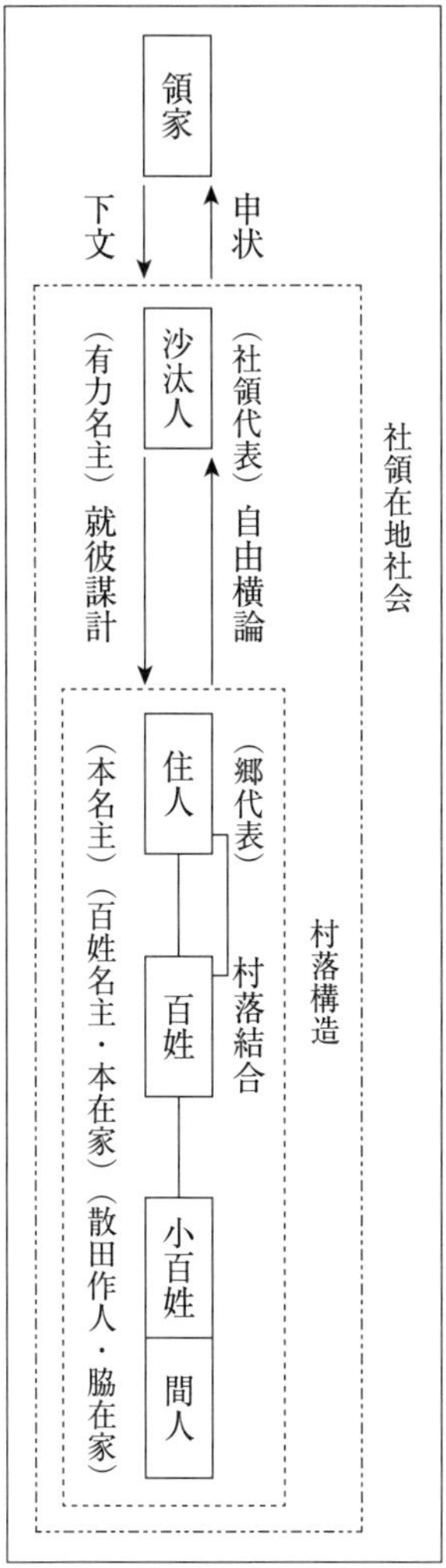

2　吉田社領の「惣郷」的結合

では、こうした一三世紀の村落結合を基とした吉田社領全体の結合はどのようになっているのであろうか。次の元徳三年（一三三一）の和与状によって考えてみよう。

〔史料8〕吉田社領雑掌祐真和与状写（吉田薬王院文書一一号、二八四頁）

和与

近衛北殿御領常陸国吉田社領雑掌祐真与同社神宮寺別当権少僧都成珎相論、当寺別当并成珎知行分山本郷御

年貢及検注事（中略）

次山本郷内成珎知行分御年貢正和五年以来対捍事、雖レ訴二申之一、致レ弁之由令レ出二帯年々請取一畢、及検注事可

レ依二惣郷例一之旨令レ申之上者、同止二訴訟一畢、若背二和与状一、御祈禱不法懈怠候事者、立二還本訴一可レ申二子細一

者也、仍和与之状如レ件

元徳三年八月廿四日

雑掌阿闍梨祐真(花押影)

元徳三年(一三三一)には、吉田社雑掌祐真と神宮寺別当成弥の間で年貢と検注について和与がなされたが、その中で別当成弥が年貢を未進していた山本郷内知行分について、「検注事可レ依二惣郷例一之旨令レ申之上者、同止二訴訟一畢」として、別当成弥が検注を「惣郷例」によって行うことを認めたため、雑掌祐真は訴訟を中止し和解することとした[96]。検注においては中央の検注方針ではなく「国例」=在地慣行によって行われる場合があり[97]、「惣郷例」とは「惣郷」慣行に基づくものと考えられる。

では「惣郷」とは何であろうか。応永二十八年(一四二一)の吉田社領諸郷田数并年貢注文写に「惣郷田数百三十二丁歟」とあるように[98]、広義としては吉田社領内のすべての郷をまとめたものである。しかし、「惣郷例」の場合は検注慣行を形成させた主体である社領全体の郷村連合を指すと考えられる[99]。薗部寿樹氏は摂津国粟生村(荘)を惣荘とも惣郷とも呼ぶ場合があったと述べているように、惣郷は惣荘でもあった[100]。先に、文保三年(一三一九)に沙汰人臼根三郎入道が代表した吉田社領の在地社会がこの惣郷(惣荘)に当たると考えられる。このような検注の「惣郷例」を領家雑掌も用いていたのであり、この「惣郷例」は領家も認める在地法でもあった[101]。

以上、一三世紀前半には検注帳などにより名主(本名主)・百姓層の実体が明らかになるが、一三世紀中葉には住人(本百姓)・百姓による村落結合が形成されていたと見られる。しかし、一四世紀前半になると「惣郷例」=在地法が地域社会でも定着し、「惣郷」が社領の郷村連合を意味するようになり、中世後期村落への移行が始まっていった。

おわりに

さて、「はじめに」で述べたように、①小山靖憲氏の領主制と中世村落を含み込んだ領域型荘園概念に対して、研究史上では永原慶二氏による在地領主の開発私領を元とする寄進地系荘園と「職の大系」概念が大勢を占めたが、これを批判した川端新・高橋一樹・鎌倉佐保氏等の国家的関与による立荘論もやはり中世村落との関わりを問う視点は弱かった。②また、小山氏は領域型荘園の基礎として根本住人型村落を想定していたが、東国に関しては辺境＝後進地帯であるとして在地領主の従属下の「領主型村落」を基本に据えた。これに対して海津一朗・高橋修氏等は在地領主は農村ではなく交通の要衝である宿・町場を拠点として広域的地域支配を行ったと述べたが、これは村落構造の分析抜きにその拠点を農村ではなく宿・町場へと横軸移動させたもので、「領主型村落」論への根本的批判はなされないままとなった。③しかし、この一方で、住人・百姓の実体に関する木村茂光氏等による基底的な研究の成果の上に、地域間競合を契機とした中世村落の形成、荘園の成立がなされたとする田村憲美氏の提起があり、いわばもう一つの下からの荘園・村落の成立コースが導かれつつあると言えよう。こうした中で、本章の立場としては、①小山氏の領域型荘園の提起を受け止めつつも、②中世東国村落をすべて「領主型村落」とみなすことを批判し、③近年の住人・百姓論を活かし中世前期における東国荘園の形成と住人の動向、村落の実体を明らかにすることである。

そこで常陸吉田社領を対象として検討した結果、まず、(A)吉田社領は、一二世紀前半に不輸の神田に対する国衙の介入・国役の賦課を防ぐため禰宜吉美侯氏より官務家小槻氏に寄進され、四至を構えた不入の勅免地の領域型荘園として形成された。領家は、社司による神事の執行、社領四至の設定、社人による警固、住人による灌漑整備・田畠耕作をさせるなどして八か郷四か村を含む領域支配を行い、在京の預所を通じて在地の田所・地頭を指揮し沙汰人・住人から年貢収取を図るなど直務支配を行った。そして、(B)一二世紀後半に、社領規模は八か郷四か村となったが、社領の代表者であり年貢納入の責任者であった沙汰人は、検注結果をめぐり年貢未進を続け幕府に訴えられるほどの強い在地基盤を持っていた。また、住人は郷の代表者であるが、年貢を請け負うのみならず土地の管理、薄田の再開発などの役割を持ち、さらに地頭の所務妨害を幕府に訴えるなど強い自立性を持っていた。(C)一三世紀には住人(本名主)―百姓―小百姓・間人という階層構成となっていたが、その中でも住人・百姓が村落結合の中心となり、一四世紀前半には社領の郷村連合による惣郷(惣荘)が形成されていった。

こうした村落の実体は、在地領主の下での従属的な村落、非自立的な農民という「領主型村落」の概念とは相容れないものであり、むしろ根本住人型村落に近いとも言えよう。改めて考えるに、こうした遅れた東国、従属的な村落という見方に至った原因としては、東国を武士の発生する辺境＝ゲルマニアと見立てた明治以来の近代史学の影響があったと考えられる。[102] 武士はたしかに中世社会形成の推進者であったが、今後は東国においても村落の実体や住人・百姓の動向が重要な要因となっていることを明らかにして行く必要があろう。

註

（1）村井康彦「荘園制の発展と構造」(『古代国家解体過程の研究』岩波書店、一九六五年、二二一頁、初出は一九六二年)。

（2）小山靖憲『中世村落と荘園絵図』(東京大学出版会、一九八七年、序論(新稿)一〇頁)。

（3）永原慶二「荘園制の歴史的位置」(『日本封建制成立過程の研究』岩波書店、一九六一年、初出は一橋大学研究年報

『経済学研究』四)、同『荘園』(吉川弘文館、一九九八年)。
(4) 川端新「荘園制成立史研究の視角」(『荘園成立史の研究』思文閣出版、二〇〇〇年、五〜一一頁)、高橋一樹『中世荘園制と鎌倉幕府』(塙書房、二〇〇四年)、鎌倉佐保『日本中世荘園制成立史論』(塙書房、序論(新稿)、二〇〇九年)。
(5) 高橋修「中世における流通と地域社会」(『歴史学研究』七六八、二〇〇二年)。
(6) 木村茂光「「住人」身分の成立と「公」性」「中世百姓の成立」(『日本中世百姓成立史論』吉川弘文館、二〇一四年、初出は一九九九・一九九七年)、同「不入権の成立について」(『東京学芸大学紀要　第三部門社会科学』三三、一九八一年)。
(7) 田村憲美『日本中世村落形成史の研究』(校倉書房、一九九四年)、同「中世前期の在地領主と「地域社会論」」(『歴史学研究』六七四、一九九五年)、同『在地論の射程—中世の日本・地域・在地—』(校倉書房、二〇〇一年)。
(8) 建暦三年官宣旨写(『茨城県史料』中世編Ⅱ、吉田神社文書一三号、茨城県、一九七一年、二五六頁、『鎌倉遺文』④一九八六年)。以下本文・註とも吉田神社文書と略す。一般的には一宮制の成立は平安末期のこととされている(中世諸国一宮制研究会編『中世諸国一宮制の基礎的研究』岩田書院、二〇〇〇年、二三〇頁)。
(9) 『水戸市史』上巻(水戸市、一九六三年)。
(10) 網野善彦「常陸国における荘園・公領と諸勢力の消長」上・下(『茨城県史研究』二三・二四、一九七二年、『日本中世土地制度史の研究』に再録、一九九一年)。
(11) 高橋修「「常陸平氏」再考」(『実像の中世武士団』高志書院、二〇一〇年)。
(12) 永井晋「鎌倉時代の小槻氏と常陸国吉田社」(『鎌倉遺文研究』三九、二〇一七年)。近年の小槻家の研究には井上幸治「官司請負制の内実—小槻氏に見る業務遂行と官庁運営—」(『立命館史学』二一、二〇〇〇年、『古代中世の文書管理と官人』八木書店、二〇一六年再録)、曽我良成「官務家成立の歴史的背景」(『王朝国家政務の研究』吉川弘文館、二〇一一年)、宮崎肇「新見荘田所職文書案をめぐって」(海老沢衷編『中世荘園空間と現代』勉誠出版、アジア遊学一七八号、二〇一四年)等がある。

(13) 吉田神社文書・吉田薬王院文書の翻刻は『茨城県史料』中世編Ⅱ(茨城県、一九七四年)に載せられている。以下吉田薬王院文書については、本文・註とも薬王院文書と略す。また、『平安遺文』『鎌倉遺文』(東京堂出版)にも収録されている。以下、『平遺』『鎌遺』と略す。壬生家文書は『図書寮叢刊　壬生家文書』(宮内庁書陵部、一九八〇年)に載せられている。以下本文・註とも壬生家文書と略す。「吾妻鏡」は国史大系『吾妻鏡』(吉川弘文館、一九三二年)を利用する。

(14) 吉田神社文書原本はこれまで一九四五年八月の水戸空襲で焼失したと言われてきたが、二〇一五年七月吉田神社を訪ね聞き取りをしたところ焼け跡に宝物はなく、すでに戦災以前に失われていたことが明らかになった。

(15) 水戸藩の学者で彰考館総裁であった立原翠軒の蔵本が彰考館所蔵となっている。他に、茨城県立図書館所蔵の「松羅文庫」本(町人学者の加藤松羅の写本)、国立公文書館内閣文庫所蔵本「楓軒文書纂」(文化十年、立原翠軒の門人小宮山楓軒が正本をもって比校した写本)、静嘉堂文庫所蔵本(天保七年、小宮山楓軒本を市毛氏が写したもの、小宮山楓軒本を写し中山信名が註記を加えたもの、二種)等がある。

(16) 『茨城県史料』中世編Ⅱ、吉田神社文書の解説。

(17) 茨城県立図書館所蔵「松羅文庫」所収の吉田文書抄、薬王院文書写にはそれぞれ文書の冒頭に目録が付いているが、薬王院文書目録と文書の末尾には「源光圀」「子竜父」の朱印が押されている。また『楓軒文書纂』所収の吉田神社宝物帳写には「文書四巻并写三冊箱ニ入、右者往古より有レ之候処、義公様上覧被レ為レ遊御修復被二仰付一、御奉納被レ遊候次第書附、別紙有レ之」とあり、奥付には「右吉田神社文書、町年寄加藤善九郎本ヲ以テ是ヲ写ス、本書誤写多シ、重テ神社本書ヲ以テ比校ス、文化十年秋八月十三日、小宮山次郎衛門昌秀」と記されている。

(18)『楓軒文書纂』(影印版)(国立公文書館、一九八四年)、『花押かゝみ』東京大学史料編纂所、一九八四年。

(19)網野善彦「荘園・公領と諸勢力の消長」(『日本中世土地制度史の研究』塙書房、一九九一年、四五八頁、初出は『茨城県史研究』二三・二四、一九七二年)。吉田郡は吉田神社を中心に神郡として那珂郡から分立したという。

(20)建暦三年四月十五日官宣旨写(吉田神社文書一三号、二三六頁)。

(21)『続日本後紀』承和十三年四月条、『文徳実録』天安元年五月日条、『三代実録』貞観五年八月二日条、元慶三年八月八日条(『茨城県史料』古代編、茨城県、一九七二年、一二九・一三三・一三五・一四一頁)。

(22)吉田神社文書一三号。

(23)寛治四年堀河天皇宣旨写(吉田神社文書八〇号)。この文書は文頭に宣旨とあるが、書留文言は「仍任先例□□奉下之状如件」で、発給人は宮司吉美侯氏と大祝大舎人氏であるので、宣旨の請文と考えられる(佐藤進一『古文書入門』法政大学出版局、一九九七年、二一五頁)。

(24)白布墨書(皇室御物)、白布伎楽大狐児面袋墨書(同)(前註(12)『茨城県史料』古代編、七六・七七頁)。森公章『古代豪族と武士の誕生』(吉川弘文館、二〇一三年、一九九頁)。これまで吉美侯氏は俘囚出身であったとされてきたが(前註(9)『水戸市史』上巻)、俘囚吉弥侯《きみこ》氏と表記されたのは延暦十一年(七九二)からであり、それ以前からの吉弥侯氏は俘囚ではない。よって、この吉田郷戸主吉弥侯忍麻呂も俘囚ではないということになる(後藤秀雄「八・九世紀の君子部について」『年報日本史叢』筑波大学歴史人類学系、二〇〇三年、七〜九・一八頁)。とすれば、吉田神社宮司の吉美侯氏も俘囚ではなく公民であったと言えよう。

(25) 吉田神社文書一三号。
(26) 『本朝世紀』天慶五年四月十一日条(前註(12)『茨城県史料』古代編、二五六頁)。
(27) 承安二年十二月二十九日官宣旨写(吉田神社文書八七号)。
(28) 斎藤利男「一一～一二世紀の郡司・刀禰と国衙支配」(『日本史研究』二〇五、一九七九年、二八～五九頁)。
(29) (年月日未詳)官中便補地別相伝輩并由緒注文案(壬生家文書(二)三二四号文書)。
(30) (年月日未詳)小槻隆職告文写(吉田神社文書一号)。
(31) 嘉元四年常陸国大田文案写(『真壁町史料』中世編Ⅰ、一四二号(秋田藩家蔵文書)、真壁町、二〇〇五年、一九三頁)。
(32) 橋本義彦「官務家小槻家の成立とその性格」(『平安貴族社会の研究』吉川弘文館、一九七六年、三二三～三三九頁、初出は『書陵部紀要』一一、一九五六年)。
(33) 壬生家文書(二)三二四号。
(34) (年未詳)六月六日小槻有家請文案(壬生家文書(二)三二一号)。
(35) 壬生家文書(二)三二四号。
(36) 前註(12)曽我良成「官務家成立の歴史的背景」(一一五・一一六頁)、永井晋「鎌倉時代の小槻氏と常陸国吉田社」(二一頁)。
(37) 森公章『古代豪族と武士の誕生』(吉川弘文館、二〇一三年、一三七頁)。
(38) 木村茂光「成立期「住人等解」と「住人」」(『日本中世百姓成立史論』六五頁)。
(39) 木村茂光「「住人」身分の成立と「公」性」(『日本中世百姓成立史論』一一六頁)。
(40) 木村茂光「不入権の成立について」(『日本初期中世社会の研究』校倉書房、二〇〇六年、一六一・一六八頁、初出は一九八〇年）。
（41）上杉和彦「中世的文書主義成立に関する一考察」（『日本中世法大系成立史論』校倉書房、一九九六年、初出は一九八七年）、田村憲美「機能上から見た国司文書の変遷」（『日本中世村落形成史の研究』校倉書房、一九九四年、初出は一九七八年）、川端新「荘園制的文書大系の成立まで」（『荘園制成立史の研究』思文閣出版、二〇〇〇年、一二七頁）。
（42）『長秋記』大治五年十二月二十日条（『茨城県史料』古代編、二六六頁）。
（43）志田諄一「常陸平氏の那珂川北岸経営」（『茨城県史研究』三七、一九七七年）。近い例として、承安四年（一一七四）常陸国留守所は鹿島社神領橘郷を官物以下国役雑事を免除して大禰宜中臣則親に与えている（承安四年常陸国庁宣、『茨城県史料』中世編Ⅰ、鹿島神宮文書二二九号、茨城県、一九七〇年、二二九頁）。
（44）大山喬平「国衙領における領主制の形成」（『日本中世農村史の研究』岩波書店、一九七八年、初出は一九六〇年）。ここでは、倉員を郡司の仮名としているが、別名の倉員は則頼の沙汰を停止した後、郡司領となったのであり、郡司が倉員別名をもともと開発していたのではない。
（45）斎藤利男「一一～一二世紀の郡司・刀禰と国衙支配」（『日本史研究』二〇五、一九七九年、三九頁）。
（46）平清幹については入来院家系図、『本朝世紀』久安四年正月二十八日条による（『国史大系第九巻　本朝世紀』一九三三年、吉川弘文館、六〇〇頁、高橋修編『常陸平氏』戎光祥出版、二〇一五年、三四四・三四九頁）。
（47）峰岸純夫「治承・寿永内乱期の東国における在庁官人の「介」」（『中世東国史の研究』東京大学出版会、一九八八年、二六頁）。
（48）森公章『古代豪族と武士の誕生』（吉川弘文館、二〇一三年、一四〇頁）、磐下徹「郡司分田試論」（『日本歴史』七二八、二〇〇九年）。

(49) 左大史小槻某下知状(『平遺』⑥二六五八)。
(50) 郡司領の事例は『平安遺文』『鎌倉遺文』にも見られる(『平遺』⑥二五一七、『鎌遺』⑤二八四五)。
(51) 公領の公民に対して、荘園(傍荘、社領)の住人という身分編成がなされているのであるが、これは東大寺においても伊賀国黒田荘の住人に対して国衙領の公民と言うように使い分けていることと同じであった(寛治二年六月十九日東大寺領伊賀国名張郡定使懸光国解案、『平遺』④一二六一)。
(52) 仁治二年三月二十七日吉田社領家小槻某下文写(吉田神社文書三〇号、『鎌遺』⑧五七九一)。
(53) 『荘園史用語辞典』(東京堂出版、一九九七年、一一三頁)。
(54) 寛喜元年七月日吉田社領家小槻某下文写(吉田神社文書二五号)。
(55) 応永十二年十月八日吉田郷等田地検注目録写(吉田薬王院文書一三五号)。
(56) 常陸国大田文案写(『真壁町史料』中世編Ⅰ、一四二号、真壁町、二〇〇五年、一九七頁)。
(57) 寛元二年十月十三日主殿頭小槻淳方下文(壬生家文書(一)七二号)。
(58) 安田元久「「地頭」の職権について」(『地頭および地頭領主制の研究』山川出版社、一九六一年、二三八～二五〇頁)。
(59) 寛喜元年吉田社家小槻某下文写(吉田神社文書二七号)。
(60) 建久三年石川家幹譲状写(吉田神社文書六号)、正治二年吉田社領家小槻国宗下文写(同一〇号)、年未詳平幹盛重陳状写(同九二号)。
(61) 吉田薬王院文書一四四号。
(62) 寛喜元年吉田社領家小槻某下文写(吉田神社文書二五号)。これが伊勢神宮役夫工米徴収で未進となっており、賦課基準は一反当たり内宮一升四合と外宮一升二合であり、これで未進額を割ると面積が求められる(弘安八年吉田社領家小槻某下文写、同四八号)。
(63)　建長三年平忠幹注進状写(吉田神社文書八四号)。
(64)　正安四年平幹盛重陳状写(吉田神社文書九二号)。「越前前司殿」(北条時広)と言うのは、正安四年時点の認識である。北条時広は祖父時房の被官であった石川高幹(石川家幹の子)の妻本間局が乳母となっていた。
(65)　徳治二年沙弥忍暁遵行状写(吉田神社文書九三号)。
(66)　吉田神社文書三三号。
(67)　『国史大辞典』8(吉川弘文館、一九八七年、六二一・六三三頁)。春米五升は現在の二升に相当。
(68)　寛喜元年七月日吉田社領家小槻某下文写(吉田神社文書二七号)。
(69)　佐藤進一「中世史料論」(『日本中世史論集』岩波書店、一九九〇年、二九二・二九三頁、初出は岩波講座『日本歴史』25、別巻2、岩波書店、一九七六年)。
(70)　井原今朝男「摂関家政所下文の研究」(『日本中世の国政と家政』校倉書房、一九九五年、三九九頁、初出は『歴史学研究』四九一、一九八一年)。
(71)　吉田神社文書七一号。
(72)　吉田神社文書四一号。
(73)　大山喬平「鎌倉時代の村落結合」(『日本中世農村史の研究』岩波書店、一九七八年、二七九・二八一頁、初出は『史林』四六―六、一九六三年)、蔵持重裕「太良荘の古老」(『日本中世村落社会史の研究』校倉書房、一九九六年、五八・六〇・六二頁、初出は『歴史評論』三七、一九八一年)。
(74)　吉田神社文書一九号。

(75) 常陸国総社造営役所地頭請文目録(『茨城県史料』中世編Ⅰ、常陸国総社宮文書二一号、茨城県、一九七〇年、三九四頁)。

(76) 小林一岳「中世荘園における侍」「殿原と村落」(『日本中世の一揆と戦争』校倉書房、二〇〇一年、三四・四八・六四頁、初出は『明星大学研究紀要―人文学部』三四、一九九八年、『荘園と村を歩く』校倉書房、一九九七年)。小林氏によれば、殿原は荘園の侍として荘園や政所の警固を担い、その内、有力な者は名字を持ち荘官ともなっていた。前註(73)大山喬平「鎌倉時代の村落結合」(二六八・二七五・二七九頁)。大山氏は東寺領大山荘の住人藤原右馬尉家安は根本名主であり、かつ地下故実により沙汰人職に補され、百姓を代表して村の武力を左右し得たとして村落領主の側面を持つとした。

(77) 小山靖憲「初期中世村落の構造と役割」(前註(4)『中世村落と荘園絵図』、一六五頁、初出は『講座日本史』2、東京大学出版会、一九七〇年)、木村茂光「成立期「住人等解」と「住人」」(『日本中世百姓成立史論』吉川弘文館、二〇一四年、六五・七二頁、初出は『東京学芸大学紀要　第三部門社会科学』四五、一九九四年)。

(78) 吉田神社文書四〇号。

(79) 『日本国語大辞典』3(小学館、一九八一年、四七二頁)。

(80) 豊田武「初期封建制下の農村」(『豊田武著作集』第七巻、吉川弘文館、一九八三年、二二四頁、初出は『日本社会史の研究』一九五五年)。

(81) 吉田薬王院文書二号。

(82) 大山喬平「中世社会のイエと百姓」(『日本中世農村史の研究』岩波書店、一九七八年、四五一・四五四頁、初出は『日本史研究』一七六、一九七七年)。

(83) 吉田神社文書六二号。小槻顕衡の官務職在任は正応四年(一二九一)~永仁六年(一二九八)であり、この間の相模守は執権北条貞時にあたる。小槻顕衡の花押は『図書寮叢刊　壬生家文書』(十)花押集六一八(二五七頁)を参照。
(84) 『袖ケ浦市史』資料編1(袖ケ浦市、一九九九年、八八頁)。『袖ケ浦市史』通史編1(袖ケ浦市、二〇〇一年、三八〇・三八一頁)。
(85) 正治三年正月二十二日吉田社領家小槻某下知状写(吉田神社文書一一号)。
(86) 田中克行「荘園年貢の収納・運搬と問丸の機能」(『中世の惣村と文書』山川出版社、一九九八年、三三一頁、初出は『中世東国の物流と都市』山川出版社、一九九五年)。
(87) 前註(9)『水戸市史』上巻(三六〇頁)。
(88) 安貞二年酒戸・吉沼郷田地保有状況(吉田神社文書八三号、『鎌遺』⑥三七九二)。
(89) 安貞二年吉田社領家小槻某預所紀某下知状写(吉田神社文書二四、『鎌遺』⑥三七九一)。
(90) 建長八年吉田社領家小槻有家下文写(吉田薬王院文書二号、『鎌遺』⑪七九五九)。
(91) 吉田神社文書八四号。
(92) 河音能平「中世社会形成期の農民問題」(『中世封建制成立史論』東京大学出版会、一九七一年、一六八頁、初出は『日本史研究』七一、一九六四年)、山本隆志「浪人の存在形態」(『荘園制の展開と地域社会』刀水書房、一九九四年、一九五・二〇二頁、初出は『史潮』新四、一九七九年)。
(93) 前註(80)豊田武論文(一八九頁)。
(94) 宝月圭吾『中世灌漑史の研究』(畝傍書房、一九四三年、一一七~一二〇頁)、西谷地晴美「村落構造とその矛盾」(『日本村落史講座』第四巻、雄山閣出版、一九九一年、二四三頁)。

(95) 木村茂光「中世百姓の成立」(『日本中世百姓成立論』吉川弘文館、二〇一四年、一三六・一四七・一四八頁、初出は一九九七年)。
(96) 元徳三年八月二十四日吉田社領雑掌祐真和与状写(吉田薬王院文書一二号)。
(97) 富澤清人「検注と田文」(『中世荘園と検注』吉川弘文館、一九九六年、一一頁、初出は『講座日本荘園史』2、吉川弘文館、一九九一年)。
(98) 吉田薬王院文書一三六号。
(99) 小山靖憲「初期中世村落の構造と役割」(『中世村落と荘園絵図』一七二～一七六頁、初出は『講座日本史』2、東京大学出版会、一九七〇頁)。
(100) 薗部寿樹「惣荘・惣郷と宮座―平安末～鎌倉期―」(『日本の村と宮座』高志書院、二〇一〇年、三五頁)。
(101) 清田善樹「荘園と在地法」(『講座日本荘園史』3、吉川弘文館、二〇〇三年、二六九頁)。
(102) 上杉和彦『源頼朝と鎌倉幕府』(新日本出版社、二〇〇五年、二〇七～二一一頁)、原勝郎『日本中世史』(平凡社、一九六九年、初版は一九〇六年)。

第二章　鎌倉期東国における地頭支配と郷村の動向
――常陸国真壁郡竹来・亀熊・長岡郷を中心に――

はじめに

鎌倉時代の東国村落については、かつて北爪真佐夫氏・内田実氏等が在地領主制形成の基盤として分析したが(1)、さらに小山靖憲氏は常陸国真壁郡をフィールドとし、東国農村では「領主型村落」＝「堀の内」体制により館と灌漑を結びつけた農村支配が一般的であったとした(2)。しかし、その下で農村における地主層の成立が弱く「惣郷」＝郷村結合は惣領制のベールに包まれ非自立的であったとしたが、こうした領主制研究で根強いのは、東国は畿内近国と比べて辺境＝後進地帯であるという考え方であった(3)。これに対して、橋口定志氏は考古学の立場から、中世前期には堀・土塁を構えた方形居館はなかったとしたが(4)、これを受けて海津一朗氏・高橋修氏等は新たな「領主型村落」論として、館＝「堀の内」体制ではなく外界の経済力を取り込むため交通の要衝における市・宿を、新田の開発センター、地域ネットワークの拠点と位置づけた(5)。

その一方で、近年、百姓等申状や幕府法の再検討による中世前期の村落結合や百姓の自立性の研究が進展する中で、鈴木哲雄氏は下総国下河辺荘万福寺百姓等申状の分析を通じて、鎌倉末期の政所・名主百姓を中心とする百姓結合(村落)の成立を指摘し、訴願の内容を明らかにしたが(6)、はたして村落全体の構造や機能は具体的にどうであったのか、地頭と村落はどのような関係を取り結んでいたのかなど、さらなる課題も生まれてくる。すでに、峰岸純夫氏は村落結合（惣郷）について農業の共同利用、政治的支配と抵抗、祭祀の機能を持っていたとしたが[7]、そうした点を踏まえて考えていく必要があろう。

そこで本章では、かつて小山氏がフィールドとした鎌倉時代における地頭真壁氏一族の支配する常陸国真壁郡の郷村構造と百姓層の動向について、考察したいと考える。特にその中でも比較的史料に恵まれ、一定の土地景観の復元が可能な竹来・亀熊郷および長岡郷を取り上げる。これに関する先行研究としては、先の小山氏および石井進氏[8]により「堀の内」体制が唱えられたが、それに対して服部英雄氏・榎原雅治氏・藤原良章氏・山田邦明氏等が長岡郷の用水や地名の調査を行い、地頭館には灌漑機能はないという批判を加えた[9]。一方、原田信男氏等により歴史地理学的な調査も行われ、郷村の景観はかなり明らかになってきている[10]。また、最近では清水亮氏が真壁荘の成立と真壁氏の開発拠点について研究を続けており、新たな進展が見られる[11]。しかし、やはり郷村の動向にまで迫れる研究は多くないのが現状である。

こうした点から、関係する真壁文書・真壁長岡古宇田文書・鹿島神宮文書等[12]の見直しを通じて先の三つの郷村の分析を行い、鎌倉期東国の村落結合と百姓層の実体を明らかにしてゆきたいと考える。

一　鎌倉期真壁郡と領主支配

(1)真壁郡の歴史的環境

常陸国南西の広大な台地のほぼ中央に筑波山（標高八七五・九ｍ）が聳えているが、その北東に連なる加波山の西辺に真壁郡（桜川市旧真壁町・大和村地域）が展開する。その中を桜川が北から南へ流れ、その沿岸低地は水田地帯となっているが、右岸の台地には畑作地帯が広がり谷津田が入り込んでいる。将門の乱以後、この地域には平貞盛の弟繁盛の子孫である常陸平氏が国衙と結びついて展開したが、宗家の多気直幹の子長幹が真壁郡の在地領主となり、真壁六郎と称した(13)。文治五年（一一八九）頼朝が奥州征討を開始すると、東海道軍の一員として初代の真壁長幹が参陣し、建久元年（一一九〇）十一月七日の頼朝の入洛時にも随兵の一人として加わった(14)。その領域支配が明らかになるのは二代目の友幹からで、寛喜元年（一二二九）七月十四日に真壁郡内の本木、安部田・大曽禰・伊々田・北小幡・南小幡・大国玉・竹来など荘領八か郷と、山乃宇・田村・伊佐々・窪・源法寺・亀熊など公領六か郷の地頭職（総領地頭）を子息時幹に譲り、同十九日に幕府より安堵状を得ている(15)。また、友幹後家（藤原氏女）には真壁郡山田郷などの地頭職を与え、幕府より安堵されている(16)。また、真壁庶家の長岡氏は真壁郡長岡郷を支配した（本章では傍線分を検討）。

⑵真壁荘（関東御領）の成立

真壁氏の所領のもととなった公領とは同氏が地頭職を持っていた国衙領であり、荘領は八か郷を関東御領として荘園化したものである。関東御領の成立に伴い、文治二年（一一八六）には幕府初代問注所執事三善康信の弟康清（公事奉行人、法名隼人入道）が預所に任命された(17)。預所は三善康清から数代後の弘安五年（一二八二）には「行定等亡母三善氏譲状」によって、行定の亡母三善氏がその所領を、嫁ぎ先の二階堂氏流の懐島元行の子行定とその姉藤原氏に分与し、正応三年（一二九〇）には幕府より「安堵御下文」が発給された(18)。それでは、まず真壁氏の支配した荘領竹来郷の実体について検討してみたい。

二　荘領竹来郷の構造と領主間相論

1　竹来郷の地頭改替

真壁荘竹来《たかく》郷は桜川右岸台地上で、いまは桜川市大字高久と原方を含む地域となっており、(19) その中央を大道が南の田村・亀熊から北の大国玉へ通じていて、小字鷲宿には鎮守鷲神社が祀られている。この郷に関する史料としては次の正和元年(一三一二)関東下知状があるが、長文なので区切って提示する。ただし、三行目の「右前地頭真壁小次郎入道浄敬」の「右」に当たる部分が前欠になっていて、相論となった場所がわからなかったが、石井進氏が明らかにしたように、文中に「竹来郷」とあるので竹来郷のこととなる。(20)

〔史料1-1〕正和元年関東下知状写(鹿島神宮文書四一八号)

(前欠)
江馬越後四郎光□(政)代貞致与預所□□四郎左衛門尉行定相□□(論所)務条々
□(一)行定以定田等、引籠得永名否事
右前地頭真壁小次郎入道浄敬(盛時)、上コ取百姓名一、依下対コ捍年貢一之咎上、正安元年十一月召コ上地頭職一、同二年八月光
政拝領畢(後略)

この郷は真壁氏四代目の盛時が開発領主であり、下地は地頭の一円知行となっていた。しかし、正安元年(一二九九)十一月に盛時は、百姓名を取り上げ年貢を対捍した咎で幕府より地頭職を召し上げられ、翌二年八月に地頭職は江馬越後四郎光政に与えられた。江馬氏は北条義時から出た北条一門であり、その孫の名越光時(越後守)は寛元四年

（一二四六）五月、元将軍頼経を擁して執権時頼を除こうとしたことが発覚して失脚した（宮騒動）[21]。しかし、建治四年（一二七八）にはその孫と見られる江馬四郎（江馬越後四郎光政）が幕府に大勢の供を連れて出仕しており[22]、執権時宗の下で晴れて復活がなされたと考えられる。

ここで、地頭の百姓名取り上げと年貢対捍を幕府に告発したのは直接的には預所であろうが、なぜ地頭の百姓名取り上げが咎となるのであろうか。後出の史料1-2のように、地頭は竹来郷について一円知行であると称していたが、実際には関東御領として領家である幕府の支配下にあった。さらに、この百姓名の名主は後述（史料1-3）のように、預所が補任・安堵した郷代表で年貢納入の責任者であったのであり、地頭といえども一方的に取り上げることは許されなかった。その上、「御成敗式目」追加法二九三条「可レ致二撫民一事」によれば、諸国郡郷荘園の地頭代が「以二非法一上‐取名田畠一、追‐出其身二」と百姓から名田を取り上げることは政道の法にあらずと禁じられていた[23]。また、百姓自身が地頭を訴えることも認められていたことから、常陸国吉田荘の郷村に見られるように[24]、この場合も当の名主百姓が地頭の非法を預所を通じて幕府へ訴えたものと考えられる。

2　預所と地頭代の相論

しかし、今度は新たに竹来郷に入部した地頭と預所との間で、郷の支配をめぐって次のような相論が引き起こされた。

〔史料1-2〕正和元年関東下知状写

（前略）浄敬為二開発之領主一、於二下地一者地頭一円知行之間、預所無二進止之地本一、而行定伺二新補地頭之隟一、以二当郷三分二一号二得永名内一、押領之由、貞致レ申之処、預所職者、（「三」脱）善隼人正康清法師（法名善清）文治二年補任以来、得永名号二大和田村一者預所自名之旨、行定等陳答之後、得永名預所進止之条、貞致承伏畢、無二預所進止地一之由、貞致所レ申嬌飾也（後略）

この相論は、地頭江馬光政代貞致が預所の四郎左衛門尉行定（懐島行定）を相手取って幕府に訴え、六つの論点について訴陳がなされ、北条熙時（六代執権）により裁許されたものである。この中で地頭代貞致は、竹来郷の下地は地頭の一円知行となっておりもともと預所の地本（下地）ではなかったのに、預所行定が江馬光政の新補地頭補任の隙を窺い当郷三分の二を得永名と号して押領したと主張した。これに対して預所行定は、文治二年（一一八六）三善康清が預所職に補任されて以来、得永名（大和田村）は預所の自名であり「自二往古一限二四至堺一、代々所二開発知行一也」と反論した。しかしながら、後出の史料1−3にあるように、預所は自名以外の定田四町七反小に対しても「綺」（世話）をして年貢徴納を行い支配の拡大を図っていた。地頭代はこのことをもって、預所が地頭知行に介入し定田を引き込んだと非難したが、得永名が預所の進止であることは認めざるを得なかった。

3 平民名について

(1)平民名の構成

さらに、次の史料にあるように預所と地頭代は平民名の支配についても相論を行った。

〔史料1−3〕正和元年関東下知状写

一年貢未進事

右当郷内、大井戸・泉・各来・竹来村等者、為二平民名一、於二下地一者、地頭雖二進止一、預所相綺之上、至二定田四町七段小之年貢一者、所二徴納一也、而地頭一円管二領之一、不レ弁二年貢一之旨、行定申レ之処、当郷公田者、二町五段之由、土民等所レ申也、以二荒野一、百姓号二申大井戸・泉村一之条存外也、定田者預所引二籠自名内一之間、不レ能二知行一、治二定下地一之後、可二弁償一之旨、雖レ陳レ之、在所并員数見二于先段一、者光政拝領以後分、遂二結解一、任下被二定置一之旨上、可二究済一矣

預所によれば、竹来郷内の大井戸・泉・各来・竹来村などは平民名で、下地は地頭進止であったが、預所が「綺」をした上で定田四町七反小（平民名四か村を含む）の年貢を徴納しようとしたところ、地頭が一円管領し年貢を弁じなかったという。これに対して地頭代は、「土民」が当郷の公田は二町五反（各来・竹来村）であると言い、百姓が荒野（開発地）をもって大井戸・泉村と号しているのは存外であり、これらの定田（公田と荒野）は預所が自名に引き込んでいて知行できないので、下地が治定した後、年貢を弁償すると述べた。これを受け、幕府は江馬光政が地頭になって以降の未進分を結解し上納させることにした。

ここで百姓等の言う「平民名」とは、先に地頭取り上げで問題となった百姓名のことであり、地頭代の言う「土民」とは、その土地の百姓を指している[25]。これら平民名の百姓等は荒野の開発を進め、それぞれ開発地を大井戸村・泉村と呼んでいたのであるが、これは自らの力で開発したからこそ村名を名乗ったのであり、これに対して地頭は「存外也」と非難しているのである。

(2) 名主給と名主見参料

また竹来郷内には、関東下知状に「名主給三町」「名主給并平民名四ヶ名」と記されているように名主給三町があったが、これは平民名四か名の百姓名主に対する給分をまとめたものであろう。これは、百姓名が郷の代表として年貢・公事を預所に納入する責任を担っていたことに対する反対給付であったと考えられる。これが四名主としてまとめられているのは、この四名主がこの郷村結合の中心を担っていたからに他ならない。また、文治二年の初代預所

三善康清の真壁荘入部以来、「於二名主見参料一者、地頭致二沙汰一畢」として地頭が名主見参料を徴収していた。名主見参料とは名主職に補任・安堵された者が出す礼銭であるが、百姓に転嫁され万雑公事の一つとなっていたのであった(26)。ところが、江馬光政が地頭になってからはこの名主見参料を預所には納めず抑留していたのであるが、このことは、名主職を補任・安堵していたのは預所であり、地頭が一円知行により名主見参料を徴収し預所に納めることになっていたことを示している。

以上、真壁荘竹来郷は真壁氏四代目の盛時が開発領主であったが、この盛時が百姓名を取り上げ年貢を対捍したことが咎とされ、幕府預所により地頭職を改替させられた。これは名主百姓が預所を通じて幕府へ訴えたことによると思われる。この郷内には平民名（百姓名）四か名が成立し、この名主は預所より補任・安堵され、郷の代表として年貢納入の責任を担っていた。これまで述べた竹来郷の構造を図化すれば次のようになろう。

図1　竹来郷の構造

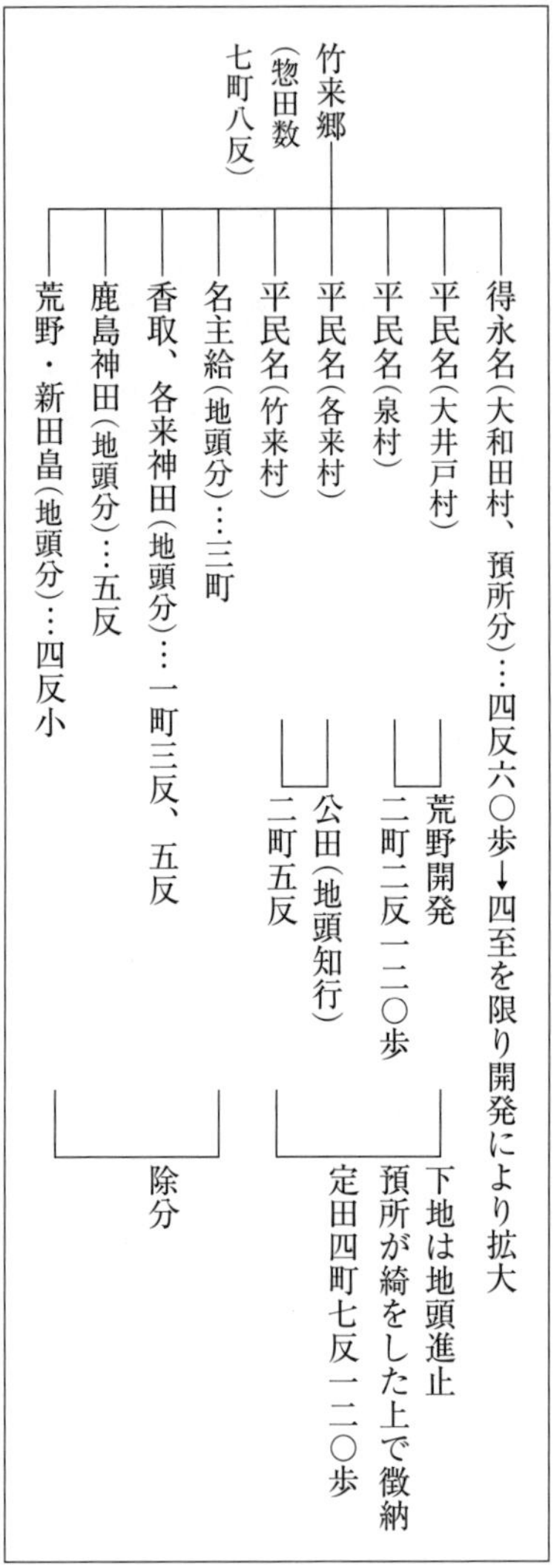

三　公領亀熊郷北荒野村の散田作人

1　亀熊郷の景観

公領の亀熊《かめくま》郷は先の竹来郷の南隣の桜川右岸台地に位置していた。その段丘上に小字「南館」「犬馬場」があり、その北に鎮守亀熊八幡神社が祀られ、その西脇を竹来郷に向かう大道が通っていた。また、郷の南東部には桜川を渡る亀熊大橋（付近に橋供養碑がある）が架けられているが、対岸に延びる道の両側に「長町」という張り出し地があり、市場の存在も想定される。享徳五年（一四五六）鎌倉府御教書によれば、亀熊郷は折中され、その一方が堀内南方・宿南方・細柴村・新堀村・西荒野村となっていた。(27)このことから、郷全体ではこの二倍の小村があったと考えられる。正安元年（一二九九）に真壁氏惣領は真壁亀熊彦次郎（幹重）に譲られたが、(28)この郷は、真壁惣領家の屋敷のあった堀内（「南館」付近）や交通・開発の拠点である宿を中心として、細柴村・新堀村・西荒野村と、次に記す北荒野村の他二か村によって構成されていたということができよう。

2　北荒野村の開発

⑴相論和与による検注

この亀熊郷には北荒野村という小村があり、その史料としては、次の正和五年（一三一六）十二月七日亀隈(熊)郷内北荒野村田畠散田目録がある。

〔史料2〕真壁郡亀隈郷内北荒野村田畠散田目録（真壁文書七号）

正和五年辰丙辰丙四月十三日始レ之
真壁郡亀隈郷内北荒野村田畠散田目（録）六事
　合
一北荒野分
弐反　　星宮神田
柒段壱宇分銭捌（八）貫文　　　清太郎入道分
　当不作三反
陸反壱宇分銭五貫文　　　彦七分
　当不作三反
五反半壱宇分銭肆（四）貫五百文　西仏房分
　当不作二反半
捌反壱宇分銭捌貫五百文藤次後家分
五反半壱宇分銭肆貫文　　あれうち分
　当不作一反
五町余　　　　　　　平野
　　已上五家参町肆反分銭参拾貫文
（裏書）「為二後証一奉行人所レ封二続（継）目一也
正和五年十二月七日　　信連（花押）

朝清（花押）」

この文書には、幕府奉行人の信連・朝清が後証のため継目を封ずるという裏書きがなされている。これは、幕府において所務相論和与に際して当事者から提出された和与状に、担当の奉行人二人が後証のため加判して下げ渡したものである。(29) その包紙には「真壁郡村付同亀熊郷之内検見書付（異筆）「済」二通」と書かれていた。これは包紙に検見書付二通が納められていたことを示しており、北荒野村以外にもう一か村の検注もなされていたと言えよう。ということになれば、和与の結果、荒野村が南北に中分されたのではないかと想定される。

この目録に裏書きした奉行人の姓は記されていないが、その一人信連は、花押から見て初代問注所執事三善康信を先祖に持つ三善氏一族の富部《とんべ》信連のことである。(30) また、この北荒野村は地名としては残っていないが、後出のように村内では星宮を祀っていた。この名が現在大字亀熊の北西に小字「星の宮」として残っており、この周辺が北荒野村の場所であると考えられる。

この検注目録の冒頭には、正和五年四月十三日にこれを始めると記されている。これは当事者同士の和与によって下地を中分して検注した後、和与状を提出し、十二月七日に幕府奉行人が加判して和与が認可されるまで、八か月かかったことを示している。(31) このような和与が行われる前提として、在地でどのような相論があったのであろうか。まず、考えられるのは十三年前の乾元二年（一三〇三）の真壁氏の相続問題であろう。惣領真壁盛時はその子行幹が早世したため孫で庶子の幹重に所領を相続して亡くなったが、これに対して平氏（行幹妻か）・妹同氏（行幹妹か）・六郎定幹（幹重の兄、智幹か）が異議を訴えたが、幕府により盛時の譲状通り幹重の知行を認める裁定がなされた。(32) その後も定幹側は不満を募らせ惣領側との相論を行っていたが、真壁一族内での和与が調い郷内の村を中分したと考えられる。

(2)小村の散田作人

北荒野村の遺称地である小字「星の宮」の東と西には溜池（上谷津池、星の宮池）があり、そこから発する二筋の谷津田が合流し桜川まで至っている。目録では北荒野村は田畠散田とされているが、村名から見てこの散田は、荒廃田畠を再開発するため、地頭が作人に割り当て請作させたものと考えられる。散田は、金沢文庫文書の範義書状によれば「此買地事（中略）今春ハ散田し候て、作人無二相違一付候了、西収之時ハ相構、御代官一人令二下御一候て、直可レ被レ召候」とされ(33)、このように据え付けられた散田作人は、これまで一年契約の不安定な存在であり村落秩序からも排除されていたと見られてきた(34)。しかし、山本隆志氏は作人は人格的関係により継続されていたとし、河音能平氏は、作人には、村落定住農民としての地位を持っている小百姓と、そうした地位を得ていない流浪的で体制外的身分の間人・非人など、さまざまな階層により構成されていたと述べている(35)。

この村は五字の作人で構成され、神田分（給免田）を含め田畠は合計で三町四反で、一宇あたり五～八反であった。そのうち清太郎入道から藤次後家までの名が記された四字の作人は、村定住が認められた小百姓であり、「あれうち」（荒れ打ち）として名が記されていない者は、村定住が認められていない不安定な間人であったと考えられる。その年貢は合計三〇貫文であり、一反平均九三七・五文であった。米に換算すると、正和元年の関東和市では米一斗＝七〇文であるので(36)一反平均一石三斗三升九合三勺となるが、これはこの散田畠が雑公事を免除された斗代の高い一色であることによる。しかし、どうして米でなく銭で納めるようになったのであろうか。木村茂光氏によれば、代銭納は畑作物を中心として文永年間（一二六四～一二七五）を画期として成立していったという(37)。この村が台地上の畑作地帯であることから考えれば、市場で換金する生産物は、米よりも麦・蕎麦・大豆などの雑穀や、桑栽培による生糸・絹・布などの農産加工品が多かったのではなかろうか。

永享七年(一四三五)「富有人注文」によれば、この台地を南北に走る古代官道沿いには、谷萱(谷貝《やがい》)郷の教祐入道、塙安世(塙世)郷の正貞入道父子、同郷唐臼の妙全入道などの富有人がいたことが記されている(38)。谷貝には「市場」という地名も残されており、北荒野村はそうした貨幣流通の活発な地域に隣接しており、商品交換はこのような地域の市場で行われたと考えられる。さらに、この村には五町余の平野が含まれていたが、この広大な原野は、溜池の水源地であり、未墾地の開発対象でもあり、秣や刈敷を採取するためのものであった。このように村が広大な平野の用益権を持っていたということは、この村の小百姓が毎年請作を繰り返す不安定な存在ではなく、小村形成の主体であったことを示している(39)。

以上、公領亀熊郷北荒野村では、散田作人(小百姓)等が地頭による代銭納の年貢を抱えつつも、広大な原野と溜池をもって荒廃地の再開発を進め、星宮という神社を祀り多様な畑作物栽培をもって近隣の市場での商品交換を行っていたと思われる。

四　真壁郡長岡郷の地頭と村落結合

1　長岡郷の景観

これまで在地領主による「領主型村落」=「堀の内」体制の典型的な事例とされたのが、真壁長岡氏の支配する長岡郷(桜川市長岡)である。長岡郷は、東にそびえる加波山《かばさん》(標高七〇九m)と一本杉峠の間の山麓から西の桜川まで、東西に細長く傾斜した地形をなしている。加波山は山頂に延喜式内社の三枝祇《さえなずみ》神社本宮・親宮が鎮座し、古くから修験の霊場として知られており、その麓の参道に沿って、三枝祇神社里宮や正幢院(本宮別当、真言宗)・円鏡寺(親宮別当、真言宗）・安楽寺（鎌倉建長寺末寺、臨済宗）や、鎮守の五所神社、「堀の内」、宅地が並ぶ町場的な長岡集落が形成されていた。

2 長岡氏の「堀の内」と山野・用水

さて、この長岡郷地頭であった長岡氏は真壁庶家の一族であるが、真壁初代の長幹の子の定幹[41]（貞幹）から六代目の真壁実幹が仁治三年（一二四二）に長岡郷を伝領したことにはじまり[42]、頼幹・政光へと相伝していた。地頭知行地としては、長岡郷公田一五町のうち除分として竹内三町一反、御手作一町三反、給分一町などの田地を持っていた[43]。政光は元徳元年（一三二九）七月に所領の「長岡郷山野・在家等」を嫡子幹政と次男宣政に分け譲ったが[44]、その内、幹政には田三町・在家三宇と「堀内及山野半分」を与えた。これは所領を折半したものであるから、山野と共に「堀の内」も半分が与えられたと言えよう。

この「堀の内」の半分に当たるのが応永五年（一三九八）の長岡政長譲状[45]に出てくる「こうたのほりのうち」（古宇田の堀の内）である。政長の代に古宇田氏の姓を冠した「堀の内」を持っていたが、この所領を譲られた幹秀は応永二十四年（一四一七）には真壁古宇田氏を名乗っている[46]。長岡には加波山参道を挟んで南側に小字「堀の内」（南北一〇〇m・東西一二三m）と、北側の小字「北坪」の中の通称「堀の内」（南北九二m・東西二四六m）の二つの「堀の内」がある[47]。この「堀の内」の広さは、南側がおよそ二・二町歩、北側がおよそ二・三町歩、合わせて四・五町歩となる。

南の「堀の内」には、かつて北側に土塁、西側に堀の跡があったといわれるが、その南外側を不動沢川が西流している。その前面には水田が広がり「前田」と呼ばれており、その東には「竹ノ下」という館にちなんだ地名が付けられている[48]。不動沢川は地頭の知行する田地を灌漑しているが、「堀の内」には直接掛かっていないので、この川を私的に管理しているとは言えない。北の「堀の内」の東外側には鎮守の五所神社があったが、「堀の内」内には長岡古宇田氏の菩提寺と見られる安楽寺がある。加波山麓の田代池脇から発した用水が集落の中の参道を流れ、この五所神社と「堀の内」の外側の溝をなぞるように迂回し、最後には寺の西から桜川沿いの田地へ流れ出ている。この用水は参道沿いの寺院や集落が利用しており、地頭もこれを自らの知行田地のため利用していたと考えられる。

3　惣郷の山野用益・用水管理

元徳三年（一三三一）三月二十七日、長岡宣政は母妙心（尼阿妙）の加判を得て、在家一宇・田一町を弟の了珍坊（妙幹）に直銭六〇貫文で売り渡した。(49) その売券は次の通りであるが、この中の山野草木・用水について以下検討してみたい。

〔史料3〕長岡宣政売券案（『真壁町史料』中世篇Ⅱ、長岡文書五号、三八頁）

（端裏書）
「長岡又次郎沽券　島田平六入道田在家」

依レ有二要用一、売二渡常陸国真壁郡長岡郷内田在家一代銭事

合在家壱宇田壱町者堺坪付有二別紙一

右、彼所者、自二国香一依レ為二重代相伝之私領一、舎弟了弥（長岡妙幹）房仁限二永代一直銭陸拾貫文売渡所也、於二御公事一者、以二公田参段分限一、守二先例一可レ令二勤仕一、次云二山野草木一、云二用水一、任二惣郷一不レ可レ有二違乱一、若至二子々孫々一背二此状一致二彼所違乱妨一有レ輩者、為二宣政子孫一、彼跡不レ可二知行一、以レ猶為レ誡二向後妨一母阿妙加二判形一所也、仍為二後日一証文沽券状如レ件

元徳三年かのとのひつし三月廿七日

平（長岡）宣政（花押影）

⑴山野用益

長岡郷の東部には、加波山頂と一本杉峠の間から山裾にかけて広大な山林原野が広がっている。元徳二年（一三三〇）に長岡政幹の遺領を相続すべく後家本照が幕府より関東御教書を獲得したが、その中に「山野半分」が含まれていた。これは元徳元年七月長岡政光が所領「長岡郷山野・在家等」を子息幹政・宣政に折半して分譲した中の一つであり[50]、それまでは地頭長岡氏が山野を所有していたということとなる。しかし、これは山野すべてという意味ではなく、応永五年（一三九八）の長岡政長譲状[51]によれば、山林は長岡集落の東側の引地、箱石権現・くづれ沢・小幡境などの中峰一帯にあるもので、いわゆる里山であった。田村憲美氏は近隣山は村落の近傍に位置し法的占有権に基づいており、奥山はこの外縁に存在し路に即して共同体が日常的な用益権を持つテリトリー的な領域であったとしている[52]。

正応元年（一二八八）七月九日の関東裁許状によれば、陸奥国平泉中尊寺・毛越寺領の百姓等は岩井・伊沢郡山野で「採㆓用彼草木㆒」する先例（用益権）を持っていたが、郡方の地頭等が「山野草木違乱」を行ったという[53]。とすれば、「山野草木は惣郷に任せる」というのは、中峰以東で加波山頂近くの霊場までの奥山の草木を取る用益権を惣郷が持っており（かつ奥山は用水の水源でもあった）、地頭はそれを認め保護していたということになろう。つまり、長岡郷の山野は、①加波山山頂付近の霊場（修験修行場）、②奥山（惣郷用益）、③里山（地頭所有）に区分されていたと言えよう。

⑵用水の管理

長岡郷の用水は、加波山麓から流れ落ちる小河川を利用して水田に分水する形となっている。まず、主要なものとして以下の四つがある。①足尾山（標高六二七・五m）から加波山にかけての山麓から発する十郎川（白井郷）と島川（長岡郷）が途中で合流し二神川となり、その下に大堰（「白井河堰」(54)）を設置して分水し、白井郷および長岡郷の桜川沿いの水田へ供給する流れ、②加波山麓の沢水が田代池の脇を通ってそのまま下り、不動沢川を五輪橋脇の掛樋でまたぎ、参道沿いの溝を通って北側の「堀の内」の外縁を廻り、桜川沿いの水田にまで至る流れ、③加波山七合目のさんしょう谷から発し、不動滝を下り「くつれ」（くどり）を通じて南側の「堀の内」の南外側を流れ、桜川沿いの水田に至る不動沢川の流れ、④不動沢の水を「くつれ」の樋で北側に分水し、下小幡郷の余毛沼の脇を通り「水口」(55)から分水し、長岡・下小幡両郷の水田に至る流れの四つがある。

この内、①の大堰は近世では白井村と長岡村の共同普請となっていた(56)。④の「くつれ」は現在はコンクリートの樋で分水しており、余毛《よげ》沼脇の水口からの分水は、近世には長岡・下小幡両村で半分ずつ用いることになっていた(57)。このように用水の堰や分水点・水口の管理は、隣郷と共同でなされていたので「用水は惣郷に任せる」とは長岡郷が隣郷と取り結ぶ共同管理に任せるという意味と考えられる。これに関して前記のように地頭は「違乱有るべからず」として介入しないよう戒めており、地頭の保護の下で惣郷が用水の管理をしていたと考えられる。

⑶惣郷の役割

では、これまで述べてきた惣郷とは一体何であろうか。惣には、すべてのものという意味と、南北朝以降、名主層から選ばれた乙名・年寄を中心として結合した村落共同体を指す場合があった(58)。長岡郷の場合は惣郷が山野草木の用益権を持ち、用水を管理していたのであり、後者に当たる。また、先述のように峰岸純夫氏は中世前期における惣郷の機能として、①山野・水利・畦畔の共同利用、②政治的な支配と抵抗、③祭祀の三つを上げているが(59)、次に述べる百姓等の苅田狼藉も含め、長岡惣郷の動向では重なる部分が多い。

4 百姓等による苅田狼藉

嘉暦二年（一三二七）四月二十六日、鎌倉幕府は某孫六郎知平妻平氏から苅田狼藉についての訴えを受け、長岡郷地頭長岡政光（法名道法）より請文をとって、長岡郷一分領主伊予阿闍梨御房に次のような召符を発し、百姓皆口弥太郎等を召し具し裁判で参対することを命じた。

〔史料4〕鎌倉幕府奉行人連署召符案（長岡文書三号）

□孫太郎知平妻平氏□　□苅田狼藉事、仰二長岡太郎入道（政光）々法□□□人等一之処、如二道法請□（文カ）□（者カ）来月三日以前召二具百姓皆口弥太郎□□同等一可レ被二参対一也、仍執達如レ件

嘉暦二年四月廿六日　左兵衛尉（花押影）

沙　弥（花押影）

長岡郷一分領主伊予阿闍梨御房

阿闍梨は、密教で秘法に通じ伝法灌頂を受けた者をいい、正幢院か円鏡寺（いずれも真言宗）の住職ではないかと考えられる。それに対して、訴えた某孫六郎知平妻平氏の夫知平は幹の通字がないが、妻は平氏を名乗っており、常陸平氏一族の一分領主と見られる。

これは、長岡郷の伊予阿闍梨知行地の百姓等が某孫六郎知平妻平氏側の知行地の田（畠）を苅田狼藉で荒らしたというものであるが、苅田狼藉は所領や境相論の際に自己の由緒を元に実力で作毛を刈り取る行為であり、幕府法では所務沙汰ではなく検断沙汰であった(60)。そのためその中心となった百姓の皆口弥太郎等が呼び出されたのであるが、皆口弥太郎は古老の有力百姓であったようで姓を名乗っていた(61)。この姓に当たる「皆口」（みなくち）は地名の水口（みなくち）と同音であり、前述のように「くつり」からの流れを余毛《よげ》沼脇で分水する「水口」にちなむものであろう。この

水口は長岡郷と南小幡郷(下小幡)との境界にあり、分水は両郷の田地に供給されていたのであり、この苅田狼藉は長岡郷と南小幡郷との用水配分がからんだ境界相論によるものと考えられる。苅田狼藉は集団的な実力行使であるので、古老・有力百姓を先頭に小百姓も参加していたと思われる。

以上、「領主型村落」の典型とされた長岡郷には加波山麓の参道を挟んで二つの地頭「堀の内」が置かれていたが、灌漑機能は持っていなかった。むしろ、地頭は山野草木の用益や、用水の管理は惣郷に任せ、それを保護していたのであった。惣郷は古老・有力百姓を中心とした惣百姓的組織で、近隣との相論となれば実力行使(苅田狼藉)に及び、その代表者は幕府裁判にも呼び出されて出頭した。

おわりに

最後に、これまで真壁郡内の三か郷村について個別に郷村構造と百姓層の動向を検討してきたが、それらをまとめて鎌倉期東国農村の実体を示してみたい。

①地頭と郷村について、かつて唱えられた長岡郷地頭「堀の内」の灌漑機能による郷村支配は、現地調査をした結果、二つの「堀の内」の規模は確認できたが灌漑機能は認められなかった。(62)

②郷村構造では、竹来郷で見たように預所の名と平民名(百姓名)がすべて村と呼ばれているように、郷内では領主や百姓名主が開発を進める中で小村が生み出されていたのであり、この関係は郷―小村という重層構造であったとみなせる。また、百姓階層としては、竹来郷では預所より郷の代表として年貢納入の責任を負った四人の百姓名主が任命されていたが、長岡郷で苅田狼藉を主導したのは古老・有力百姓等であった。しかし小村の中でも、亀熊郷北荒野

村の散田作人(小百姓)のような自立的経営がなされている一方、ほとんどは名主や有力百姓の下で在家の作人として耕作を担っている場合が多く、(63)名主—古老・有力百姓—小百姓という階層構成であったと考えられる。

③惣郷は、長岡郷で見られるように古老・有力百姓を中心とする郷村結合であるが、その機能については、長岡郷における地頭保護の下での山野草木の権益確保、用水の管理や、隣郷との相論での苅田狼藉、竹来郷の地頭による百姓名の取り上げげに対する幕府への訴訟など、峰岸純夫氏が唱えた惣郷の機能と同様の行為がなされていた。

④これら郷村結合と百姓層の動向の時期としては、竹来郷で地頭の百姓名取り上げが郷村より訴えられて幕府より地頭職を改替されたのが正安元年(一二九九)であり、亀熊郷の小村での散田作人の自立的経営が正和五年(一三一六)、長岡郷での古老・有力百姓等の苅田狼藉が嘉暦二年(一三二七)、長岡郷の惣郷による山野用益確保と用水管理が元徳三年(一三三一)であった。これにより鎌倉後期〜末期にかけて惣郷(郷村結合)が形成され百姓層の行動が活発化していったことが知られる。この時期が中世後期の惣百姓的行動へつながる郷村結合の形成期に当たるが、さらにそれ以前の村落結合がどのようなものか考えていく必要があろう。

註

(1) 北爪真佐夫「十二世紀の東国社会」(『歴史学研究』二七九、一九六三年)、内田(高田)実「東国における在地領主制の成立—中世的郡郷制の成立と在地領主制の展開—」(昭史会編『日本歴史論究』二宮書店、一九六三年)。

(2) 小山靖憲「鎌倉時代の東国農村と在地領主制—常陸国真壁郡を中心に—」(『中世村落と荘園絵図』東京大学出版会、一九八七年、初出は一九六八年)。

(3) 上杉和彦『源頼朝と鎌倉幕府』(新日本出版社、二〇〇三年、二〇七〜二一七頁)。

（4）橋口定志「方形居館はいかに成立するか」（『争点日本歴史』新人物往来社、一九九一年）。
（5）海津一朗「東国・九州の郷と村」（『日本村落史講座』第二巻、雄山閣出版、一九九〇年、二二八～二四〇頁）、高橋修「中世における流通と地域社会」（『歴史学研究』七六八、二〇〇二年）。両氏の見解としては、従来の「領主型村落」論を批判し、領主居館は交通の要衝や市・宿のある町場に置かれてそれらを支配し、開発や支配の拠点としたとするが、郷村の実体解明にまで踏み込んではいない。本章では亀熊・長岡郷で領主居館が宿や町場の近くに置かれていることを示し、開発地としての北荒野村では代銭納の前提として市場で商品交換していることを想定した。
（6）鈴木哲雄「中世東国の百姓申状―称名寺所蔵『万福寺百姓等申状』考―」（佐藤和彦編『中世の内乱と社会』東京堂出版、二〇〇七年）。
（7）峰岸純夫「村落と土豪」（『講座日本史』三、東京大学出版会、一九七〇年）。
（8）石井進『日本の歴史一二　中世武士団』（小学館、一九七四年、一六五～一八一頁）。
（9）服部英雄・榎原雅治・藤原良章・山田邦明「消えゆく中世の常陸―真壁郡（庄）長岡郷故地を歩く―」（『茨城県史研究』四一、一九七九年）。
（10）原田信男「山麓型の中世村落」「常陸国真壁郡竹来郷」（『中世村落の景観と生活』思文閣出版、一九九九年）。
（11）清水亮「関東御領における地頭領主制の展開」（『三田中世史研究』二、一九九五年）。
（12）真壁文書（『真壁町史料』中世編Ⅰ、真壁町、二〇〇五年、以下本文とも真壁文書と略称）、真壁長岡古宇田文書（『真壁町史料』中世編Ⅱ、真壁町、二〇〇五年、以下本文とも長岡文書と略称）、鹿島神宮文書（『茨城県史料』中世編Ⅰ、茨城県、一九七〇年、以下本文とも鹿島神宮文書と略称）。
（13）「真壁氏系図」（『真壁町史料』中世編Ⅰ）。山田邦明「常陸真壁氏の系図に関する一考察」（『中世東国史の研究』東京大学出版会、一九八八年）。

（14）「吾妻鏡」元暦元年十一月十二日・建久元年十一月七日条（『国史大系三二巻　吾妻鏡』前篇、吉川弘文館、一九六四年）。

（15）寛喜元年七月十九日藤原頼経袖判下文（真壁文書二号）。

（16）寛喜元年七月十九日藤原頼経袖判下文（真壁文書一号）。

（17）正和元年七月二十三日関東下知状写（鹿島神宮文書）。

（18）「尊卑分脈」（『国史大系五九巻　尊卑分脈』吉川弘文館、一九五六年）。前註（17）正和元年七月二十三日関東下知状写。大月理香「関東御領真壁庄に関する一考察—鎌倉幕府の常陸支配をめぐって—」（『茨城史学』三〇、一九九四年）。

（19）山崎勇「常陸国真壁郡竹来郷の領主制について」（慶応歴史科学研究会『歴史学ノート』四、一九七一年）、吉沢秀子「常陸国竹来郷調査記」（同前）。

（20）石井進「鎌倉時代の常陸国における北条氏所領の研究」（『茨城県史研究』一五、一九七〇年）。

（21）「保暦間記」（『群書類従』第二六輯、続群書類従完成会、一九三一年）、細川重男「北条氏の家格秩序」（『鎌倉政権得宗専制論』吉川弘文館、二〇〇〇年、新稿）。

（22）建治四年正月二十五日日蓮書状（『鎌倉遺文』一七巻、一二九七一号〈日蓮聖人遺文〉、東京堂出版、一九七九年）、奥富敬之『鎌倉北条氏の基礎的研究』（吉川弘文館、一九八一年）、川添昭二「北条氏一門名越（江馬）氏について」（『日本歴史』四六四、一九八七年）。江馬光時（越後守）の子は親時（江馬越後太郎）であるが、その弟は盛時・政俊（江馬遠江政俊）・政通・勝観で光政の名はない。寛元四年（一二四六）の光時失脚から建治四年（一二七八）の江馬四郎の出仕まで三十一年経っており、同じく越後を名乗っていることから、江馬光政は親時の子（光時の孫）と考えられる。よって、出仕した江馬四郎は江馬光政ということになる。
(23)　鎌倉幕府追加法二九三条(『中世法制史料集』第一巻、岩波書店、一九五五年)。
(24)　承久三年(一二二一)常陸国吉田社領家小槻国宗は、地頭の荘務に対する煩いを神官・住人が訴えることができるという幕府方針を神官等中に伝えており、これを受け吉田・山本・河崎の三か郷と雑掌は、郷地頭の年貢抑留を訴えた申状四通を執権北条貞時に指し出し、厳密な成敗を求めた(『茨城県史料』中世編Ⅱ、吉田神社文書二一号〈吉田社領家小槻国宗下文写〉、同六二号〈小槻顕衡書状写〉、茨城県、一九七一年)。
(25)　木村茂光「中世百姓の成立」(阿部猛編『日本社会における王権と封建』東京堂出版、一九九七年)、久保健一郎「「百姓」呼称と「百姓」身分」(鎌倉遺文研究会編『鎌倉時代の社会と文化』東京堂出版、一九九九年)。
(26)　『講座日本荘園史』1、荘園関係基本用語(吉川弘文館、一九八九年)。
(27)　享徳五年六月三日鎌倉府御教書(真壁文書二六号)。
(28)　建武二年十月十三日沙弥某奉書案(長岡文書一六号)。
(29)　佐藤進一『鎌倉幕府訴訟制度の研究』(畝傍書房、一九四三年)、同『新版古文書学入門』(法政大学出版局、二〇〇三年)。
(30)　嘉暦四年三月十三日雑掌久代了信書状(『備後国大田荘史料』一、一八七号、吉川弘文館、一九八六年)。富部信連は正応五年から高野山領備後国大田荘山中郷地頭を務めており、高野山との訴訟では引付衆や奉行人に一族の者が多く、問注所執事大田時連とも親しいと述べていたが(嘉元四年九月七日関東裁許状、同上書、一六五号)、正和五年には一時地頭を止めさせられていた(正和五年閏十月十五日雑掌経寿請取状、同上書、一七五号)。
(31)　平山行三「和与の手続及び効果」(『和与の研究』吉川弘文館、一九六四年、初出は一九三五年)。

(32) 正和五年十二月七日真壁郡亀熊郷内北荒野村田畠散田目録(真壁文書七号)。
(33) 年未詳範義書状(『神奈川県史』資料編二、一九三一号文書〈金沢文庫文書〉、神奈川県、一九七三年)。
(34) 大山喬平「中世社会の農民」(『日本中世農村史の研究』岩波書店、一九七八年、初出は一九六二年)。
(35) 河音能平「中世社会成立期の農民問題」(『中世封建制成立史論』東京大学出版会、一九七一年、初出は一九六四年)、山本隆志「遠敷郡太良荘における検注と勧農の構造」(『荘園制の展開と地域社会』刀水書房、一九九四年、初出は一九八一年)。
(36) 正和元年十月十六日若狭国太良荘早米支配状(『神奈川県史』資料編二、一八五九号文書〈東寺百合文書〉)。ここから、若狭国太良荘の一斗＝七七文と、関東の一斗＝七〇文の二つの米和市が抽出できる。
(37) 佐々木銀弥「荘園領主経済と荘園商業」(『荘園の商業』吉川弘文館、一九六四年、二一七頁)、木村茂光「Ⅳ中世」(木村茂光編『日本農業史』吉川弘文館、二〇一〇年)。
(38) 小森正明「常陸国富有人注文の基礎的考察」(『茨城県史研究』七一、一九九三年)。
(39) 河音能平「中世社会成立期の農民問題」(『中世封建制成立史論』東京大学出版会、一九七一年、初出は一九六四年)。小百姓や間人らが自らの生産活動を基礎に、彼ら小百姓層だけの共同組織をつくって独自に領主とたたかう中で、特権的村落秩序を変えていったとする。
(40) 「日本三代実録」貞観十七年十二月二十七日条(『国史大系四巻　日本三代実録』吉川弘文館、一九六六年)。
(41) 真壁長岡氏系図(『真壁町史料』中世編Ⅱ)
(42) 興国元年七月長岡妙幹外題安堵申請言上案(長岡文書二一号)。
(43) 元徳三年六月二十七日長岡郷鹿島社造営用途注文(長岡文書六号)。

(44) 年未詳妙心代頼円言上案(長岡文書一一号)。
(45) 応永五年正月十六日長岡政長譲状案(長岡文書三一号)。
(46) 応永二十四年正月古宇田幹秀着到状案(長岡文書三二号)。
(47) 糸賀茂男「解題」五(『真壁町史料』中世編Ⅱ)。
(48) 元徳三年六月二十七日長岡郷鹿島社造営用途注文案(長岡文書六号)。
(49) 元徳二年三月二十七日長岡宣政売券案(長岡文書五号)。
(50) 前註(44)年未詳妙心代頼円言上案(長岡文書一一号)。
(51) 前註(45)応永五年正月十六日長岡政長譲状案(長岡文書三一号)。
(52) 田村憲美「山林の所有・開発と村落「領域」の形成」(『日本中世村落形成史の研究』校倉書房、一九九四年、初出は一九八九年)。
(53) 正応元年七月九日関東裁許状(瀬野精一郎編『鎌倉幕府裁許状集』上、一七一号〈中尊寺経蔵文書〉、吉川弘文館、一九七〇年)。
(54) 興国元年七月十五日長岡妙幹譲状案(長岡文書二〇号)。
(55) 建武二年正月十八日長岡宣政譲状案(長岡文書一四号)。
(56) 前註(9)服部英雄・榎原雅治・藤原良章・山田邦明「消えゆく中世の常陸—真壁郡(庄)長岡郷故地を歩く—」。
(57) 元禄十年長岡村差出帳・元禄十一年か下小幡村差出帳(『真壁町史料』近世編Ⅰ、真壁町、一九八五年)。
(58) 『日本国語大辞典』8(小学館、一九七二年)。
(59) 前註(7)峰岸純夫「村落と土豪」。

（60）　羽下徳彦「苅田狼藉考」（『法制史研究』二九、一九七九年）、佐藤進一『鎌倉幕府訴訟制度の研究』（畝傍書房、一九四三年）。
（61）　田中克行「惣と在家・乙名―近江国菅浦惣庄の形成―」（『中世の惣村と文書』山川出版社、一九九八年、初出は一九九六年）。
（62）　「堀の内」の灌漑機能については前註（9）服部・榎原・藤原・山田氏等により批判されてきたが、現地で確認したところ長岡「堀の内」にかかる用水は地頭が郷村を支配するほどの規模ではなく、むしろ用水を利用しているというのが実体であった。
（63）　建武二年正月十八日長岡宣政譲状（長岡文書一五号）。

第三章　中世前期東国の村落構造と村役所の機能
――鹿島神宮文書「大賀村検注取帳副日記」の分析を通して――

はじめに

これまで、中世村落の研究では畿内・近国の惣村が典型とされ、辺境とされる東国では、在地領主の下で村ぐるみ従属下に置かれ、小農の発達も遅れていたとされてきた。小山靖憲氏によればそれは以下のようである。一一、一二世紀の初期中世農村では、在地地主層が一部の平民百姓とともに閉鎖的な座的構成である「根本住人型村落」を形成した。これに対し、東国では在地地主層の成立が弱く、その代わりとなったのが一村(郷)規模の領主で、彼らは堀の内を拠点として住人組織を掌握し「領主型村落」を形成していった。そして一三世紀後半には、村落領主は成長しつつある平百姓層と連合し「惣郷」といわれた村落の広域的連合を形成したとする。(1)

これに対し海津一朗氏は、これまでの平安・鎌倉時代の方形館＝堀の内といわれたものは、近年の発掘により実は一四～一六世紀のもので、中世前期には遡れず、むしろ東国武士の館は大道や河川の結節点にあり、宿や市が立つ町場であり、開発の拠点ともなっており、これまでのように武士居館の勧農機能を過大視したり、在家の弱体化を強調するのは誤りであるとした。(2)

こうした新説を踏まえた批判により、これまでの東国の「領主型村落」は存在そのものが疑問視されるようになってきた。しかし、だからといって中世前期の「領主型村落」に代わる東国村落の実態がただちに明らかになるわけではない。鈴木哲雄氏は鎌倉末期の武蔵国下河辺荘万福寺の百姓申状により、佐藤和彦氏らにより明らかにされてきた室町期の東国農民闘争の前提となる「村落」は東国にも成立していたはずであるとする。(3) しかし、これはあくまでも想定にとどまるものであり、東国における地頭配下の郷村の実態を明らかにすることはいまだ残された課題となっている。こうした時にネックとなるのが史料不足であるが、本章では鹿島神宮文書を使いながら、中世前期における常陸国鹿島社領大賀村についての検討を通して、自立的な村落結合の実態を明らかにしたい。

一　鹿島社領大賀村の成立

1　相賀郷と大賀村の歴史的関係

本章で検討対象とする常陸国行方郡大賀《おおが》村は現在は茨城県潮来市大賀に所在し、北浦西岸に位置する。この村の初出史料によって、弘安五年(一二八二)に幕府(執権北条時宗)より「異国降伏御祈禱料所」として大賀村地頭職が鹿島社に寄進されたことが知られる。(4) 寄進するとなればここはもとは幕府領であったことが考えられるが、その経過は明らかになっていない。このことを考えるためには、そもそも大賀村がどのようにして成立し、どのような支配と歴史的変遷をたどったのかを明らかにしなければならない。

近世地誌『新編常陸国誌』によれば、古代逢賀《おうが》郷の本郷は大賀にあったとされ、逢賀郷は大賀・矢幡《やばた》・宇崎・白浜・根小屋・岡平・倉河・青沼によって構成されていたという。(5) この古代逢賀郷の系譜を引くのが中世の相賀《おうが》郷であるが、相賀郷と大賀村の歴史的関係についてもこれまで検討されることはなかった。(6) 本節では大賀村の分析を行うに当たって、まず古代逢賀郷の位置および相賀郷・大賀村の歴史的関係について考えてみたいと思う。

⑴古代逢賀郷の位置

まず、古代の逢賀郷の位置について考えてみよう。『常陸国風土記』行方郡の条には北浦に面して「相鹿《あふか》・大生《おほふ》の里」があり、相鹿里には倭武天皇（倭武尊）の住んだ「相鹿の丘前の宮」が置かれ、大生里には「膳の炊屋舎」が海辺に構えられ、その間を「舟を編みて橋と作し」て通ったという伝承が記されている。[7] この頃、北浦は流海とも呼ばれる入海であった。大字大賀の北方に位置し北浦を望む岡平の台地には縄文時代の貝塚が残されており、[8] これが「相鹿の丘前の宮」の伝承の元となったと考えられ、その南は入江となって雁通川《がんづう》が流れ込んでいる。そこを渡れば、矢幡・大賀、大生《おおう》へと続く。先の逢賀郷の郷域によれば、岡平から矢幡・大賀までがその範囲に入り、大生は隣の大生郷に含まれる。『常陸国風土記』では相鹿郷と表記されるが、正倉院御物の天平勝宝五年（七五三）十月の布袋墨書では「常陸国行方郡逢鹿郷戸主壬生直宮万調布壱端」、同じく白布繭蜜袋墨書にも「常陸国行方郡逢鹿郷戸主□□□磨調布壱端」とあり、[9]『和名類聚抄』でも逢鹿郷とされている。[10]

この逢賀郷が中世相賀郷に引き継がれる。中世後期の「海夫注文」に見える逢賀津は、この雁通川河口に営まれた漁業や物流の港であったと考えられる。[11] また、大字根小屋には相賀城跡があり、鎌倉初期に逢賀親幹が築城して以来、戦国末期まで逢賀氏の居城であったといわれる。[12] 寺院では大字岡平の相賀山寿福寺、またその南の大字根小屋の相賀山竜翔寺の山号に郷名が残っている。[13]

⑵加納相賀郷の成立と変遷

【加納相賀郷の成立】

中世前期ともなれば相賀郷は鹿島神宮領の行方郡加納（一四六丁三反）一二か郷の一つとして現れる。[14] 加納とは、平安初期以降官物不輸が認められていた本免田に付加された荘田のことである。(15)この加納の成立については、文保二年（一三一八）「関白前左大臣家政所下文」に「小牧・加納者、元是雖レ為二金泥大般若経書写料所一、為二日次御供料所一、去保延五年八月、忝被レ申二下官符一、御二寄-進于当社一之以来、為二本所進止社領一」とあり、保延五年（一一三九）八月の官符により鹿島社に寄進されたものであった。(16)こうして鹿島社に寄進された加納は「凡加納十二郷、皆以為二一烈《列》一之処」として、内部に多くの郷を抱えながらもその支配は同一であるとされた。(17)これまでのところ史料上で見出されるのは、石神・相賀・四六・山田・大崎・青沼・倉河・北端・夏刈・大和田・飯田・成井・小幡の一三か郷となっている。(18)

【地頭請所】

また、加納一二郷は地頭請所といわれるが、その根拠について、徳治三年（一三〇八）二月の「相賀郷地頭平氏代法橋誓誉重陳状案」(19)には「加納事、右大将家御代、為二請所一可レ致二沙汰一之由、預二御下知一畢」として、文治四年（一一八八）に幕府から地頭に下された下知状にあるとする。しかし、社家側はこれを認めず、地頭請所の相賀郷に対して知行権の回復を図ろうとして建久二年（一一九一）十一月に「摂政家前太政大臣家九条兼実政所御下文」を獲得した。この下文によれば、地頭支配地においては「今更号二地頭之得分一、割二取神用之□　□一、恣意致二狼藉一、故年来之百姓併逃散、往古之神事悉退転」と、地頭の狼藉により百姓が逃散し神事が廃れていると述べている。(20)

これに対しては地頭側も「任二右大将家御教書并父祖之例一、為二請所一可レ致二沙汰一之由、安貞二年・嘉禄二年、重被レ成二下御下知一畢」と、嘉禄二年（一二二六）・安貞二年（一二二八）の二度も幕府からの下知状を獲得し、請所としての正当化を図った。しかし、鹿島社側は「建治年中、使節相共令レ入二部郷々一、遂二検注所務一、屋敷・名田等管領」として建治年中（一二七五～一二七八）に使節が郷々に入部して検注・所務を遂げたと主張したのに対して、地頭側もこれ

大賀村周辺図(陸地測量部地図〔2万分の1〕大賀周辺)

を「不実也」と否定するなど、在地でのせめぎ合いも苛烈を極めるようになってきた。(21)

(3)下地中分と再押領

【下地中分】

その結果、加納では社家・地頭両者の間で下地中分が実施されることになった。次の文保二年(一三一八)の「関白前左大臣家政所下文」によれば、年代は未詳であるが加納一二郷は社家・地頭により下地を折半された(下地中分)。本史料は長文のため以下史料1と2に分割して表示する。

〔史料1〕関白前左大臣家二条道平政所下文(22)(A)

関白前左大臣家政所下　鹿島社神官等

可三早任二代代政所御下文并関東不易下知状□(等)一、大禰宜良親(中臣)進-退-領二掌神領内小牧村・加納・大枝・用重名・南三昧院・塙寺・立用神田・高桟敷等一事

(中略)次加納十二郷者、社家与地頭令レ折二中下地一、半分者為二給主屋敷・名田一、地頭更不二相綺一、半分者雖レ為二地頭進止一、有限所当者、社家毎年遂二検注一、令レ収二納之一、所レ奉レ備二日次御供米一也

(中略、以下史料2に続く)

文保二年十一月　日　　案主中臣(花押)

別当勘解由次官藤原朝臣(為宗カ)(花押)　大従左衛少尉安倍(花押)

このうち加納一二郷とともに鹿島社領となった小牧郷においては、「小牧郷者、有二内外之号一、所謂二外小牧村者、下地雖レ為二地頭進止一、有レ限所当者、為二日次御供料物一、給主徴二納之一、内小牧村者、就二于大禰宜職一為二本所一円進止社領一、地頭更不相綺之地也」(23)として、内・外小牧村に二分された。外小牧村は下地は地頭進止であるが所当の日次御

供料物は給主が徴納し、一方の内小牧村は大禰宜を本所とした一円進止の社領であり、地頭の綺《いろい》はない地とされた。この頃に小牧郷そのものは二つの村に分割され、社家分を「内」とし、地頭分を「外」とされている。これを図にすると次のようになる

図1　小牧郷の下地中分

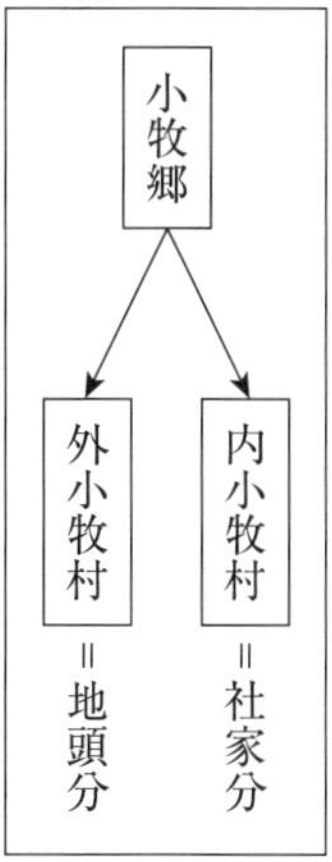

問題の相賀郷については下地中分の記述は見ることができないが、古代逢賀郷に含まれていた相賀郷と大賀村の支配関係に注目してみたい。

次の関白前左大臣家二条道平政所下文にあるように、文保元年（一三一七）秋頃に外小牧村地頭行方十郎泰幹の舎弟与次兼幹が給主職を給ったとして、加納内の相賀・青沼・倉河郷等に打ち入って苅田狼藉を行った。

〔史料2〕　関白前左大臣家二条道平政所下文[24]（B）

（前略）将又近衛北殿（家平）御代、去正和二年五月、良親重賜御下文、欲レ令レ領二知当村一之処、泰幹尚違二背御下文一重畳押領之間、再三訴申之刻、泰幹猛悪之余、去年秋之比、以二舎弟与次兼幹（行方）一立レ面、称レ賜二給主職一、打二入日次御供料所加納内相賀・青沼・倉河郷等一、依レ致二苅田狼藉一、被レ収二公外小牧村一、被レ成二守護領一畢（後略）

これによれば相賀郷などは給主分とされていたと推定できる。また、前記の『新編常陸国誌』で古代逢賀郷に含まれていると想定された相賀・青沼・倉河郷がこのように分立しているのであるから、相賀郷そのものもかなり縮小さ

れていたと考えられる。

一方、次の史料3・4にあるように、大賀村は弘安五年(一二八二)に幕府より鹿島社に寄進された。またそれは弘安六年(一二八三)大禰宜の中臣頼親譲状(史料4)にあるように、地頭職であった。

〔史料3〕鎌倉将軍家惟康親王寄進状写(25)

奉寄　鹿島社御領

常陸国大賀村事

右、依二将軍家（惟康親王）仰一、奉レ寄如レ件

弘安五年十二月廿八日

相模守平朝臣（北条時宗）(花押影)

〔史料4〕中臣頼親譲状(26)

譲渡　鹿島御神領壱所大賀村地頭職事

毘沙鬼童

件村者、任二治承之例一、宛二賜中臣頼親一、所レ令二知行一也、然間、限二永代一所レ譲二与彼村於毘沙鬼童一実也、但於二神領之所役一者、毎年転二読大般若経一部六百巻・仁王経十部百座・唯識三十一千巻一、無二懈怠一可レ令レ勤二仕之一也、仍不レ論二親疎一停二止其妨一、所二譲渡一之状如レ件

弘安六年十二月十七日　中臣頼親(花押)

これらを考え合わせれば、相賀郷は弘安五年までに給主分(相賀郷)・地頭分(大賀村)ということで下地中分されたということができよう。この場合、相賀郷の名称を残しつつ、大賀村を分出したのであるが、中分であるので両者の

面積はほぼ同じであろう。

図2　相賀郷の下地中分と変遷

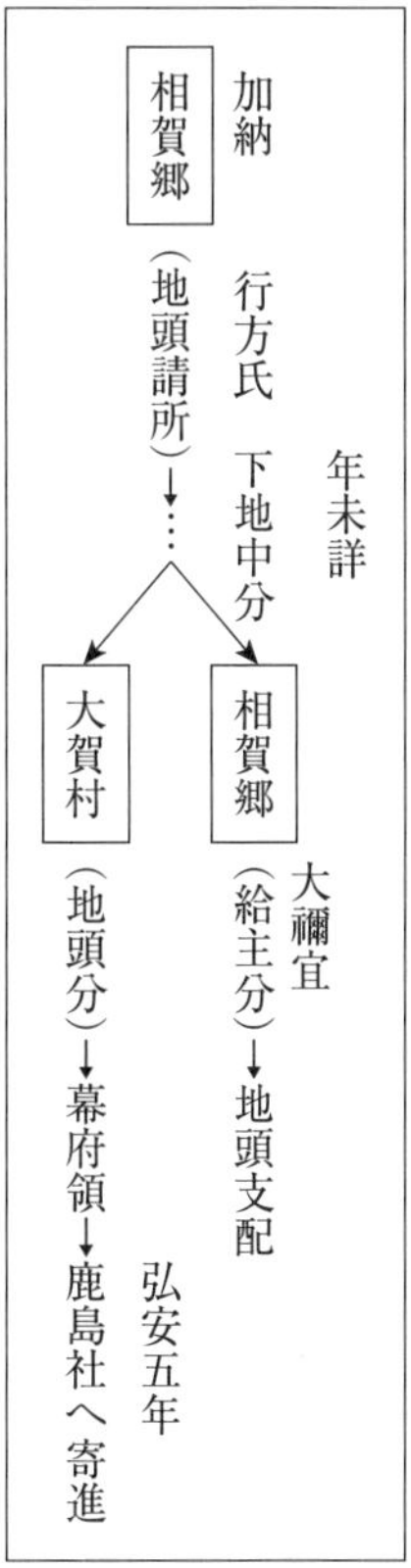

【地頭の相賀郷再押領】

文保二年（一三一八）の「関白前左大臣家政所下文」によれば、加納一二郷では地頭・社家で下地中分した後も「有レ限所当者、社家毎年遂二検注一、令レ収二納之一、所レ奉レ備二日次御供米一也、而地頭等伺二社家遷替之隙一、押二領下地一、押二妨検注一之間、厳重日次仏供、如二当時一者有名無実也」として社家は毎年検注を行い所当を収納していたが、地頭が下地を押領して検注を妨害し、所当納入も有名無実となっていった(27)。嘉暦三年（一三二八）「鎌倉将軍家御教書」では、行方中務四郎入道女子に相賀郷の正和三年（一三一四）以来の神用などの未進を早く究済《きゅうさい》させるよう命じている(28)。ということは、すでに正和三年以前から相賀郷での地頭行方氏の下地知行が行われていたこととなろう。このように下地中分された後も、加納相賀郷（給主分）については地頭行方氏により押領・支配が続けられていたのであった。

2 鹿島社領大賀村の成立

⑴地頭分大賀村の「関東御領」化

さて、先述のように地頭分の大賀村は下地中分の後の弘安五年(一二八二)に鎌倉幕府より鹿島社に寄進されたのであるが、それ以前は幕府領であったということになろう。では、どのようにして地頭分から幕府領になっていったのであろうか。このことについても記された史料はないが、下地中分と同じく小牧郷の事例を参考にしてみたい。また、前出の「関白前左大臣家二条道平政所下文」(史料2)によれば、外小牧村地頭行方十郎泰幹は同村の鹿島社家への所当を年々打ち留めていたが、乾元二年(一三〇三)六月には内小牧村(給主分)を本所より給ったと称して、下文を謀作して押領した。そのため、大禰宜中臣良親が挙状を給わって関東(幕府)に対し、文永・弘安の関東の下知に従って罪科に処すよう言上した。

また、正和二年(一三一三)五月には中臣良親が下文を給わり当村を領知しようとしたのに対し、行方泰幹は下文に背き再び押領した。そして、先述のように文保元年(一三一七)秋には舎弟与次兼幹が本所より給主職を給ったと称し、加納内の相賀・青沼・倉河郷等へ打ち入ったため、守護(佐介時綱)により苅田狼藉の咎で外小牧村を収公され、守護領となった(史料2)。さらには、守護領は「関東御分」内であるということで、地頭行方十郎泰幹の所領であった外小牧村は収公され、守護領=「関東御分」となったのであった。[29]

清水亮氏は、文永年間頃より「関東御領」が鎌倉幕府直轄所領だけではなく御家人所領や地頭職などの没官対象所職にまで拡大されるようになり、「関東御領」は鎌倉幕府管轄の所領の総体(鎌倉殿直轄領、地頭職など恩領、御家人私領)であるという認識が形成されたという。[30] こうしたことから、地頭所領であった大賀村も、何らかの地頭の行動により収公され「関東御領」とされたとも考えられよう。

もう一つ考えられるのは、大賀村地頭が御家人でその所領は「関東御領」と認識されていた場合である。この場合も幕府によって寺社への寄進地となることがあった。幕府御家人で上総国に所領を持っていた千葉氏一族の東盛義は、鎌倉末期に三度も下総国東荘上代郷の所領を収公されている。一度目の文保二年(一三一八)十二月七日には、北条貞時の菩提寺である最勝園寺に寄進すると供僧等が子細を申し立てたので、東盛義は所領の三分の一が収公されている。[31]大賀村の地頭が御家人であったのか否かは不明であるが、この地頭が行方一族であるならば、寄進を名目とした収公の可能性があろう。また、正嘉二年(一二五八)三月一日の将軍家二所詣行列に随兵として行方太郎跡の行方中務五郎が参加しており、[32]弘安八年(一二八五)の霜月騒動では安達泰盛方として行方少二郎《(ママ)》が戦死しているが、[33]いずれも御家人であったと考えられる。罪科による収公、または寺社寄進のための収公のいずれかの道をたどって、大賀村は「関東御領」となった可能性が指摘できよう。

⑵大賀村の鹿島社寄進

こうして、行方郡大賀村(地頭分)は弘安五年(一二八二)十二月二十八日に、幕府(執権北条時宗)より元寇に対する「為二異国降伏御祈禱料所一」として鹿島社に寄進された。[34]網野善彦氏によれば、これは弘安の役後社寺への所領寄進の初見であり、武神を祭った鹿島社への特別措置だったと考えられている。[35]翌六年五月一日には、幕府は異国降伏のための大般若経転読の「異国降伏巻数大賀村分」を承ったという書状を鹿島社大禰宜に出している。[36]

こうして大禰宜の中臣頼親は大賀村の地頭職を知行するようになったが、弘安六年十二月十七日にはその子毘沙鬼童に地頭職を譲り、その神領の所役として「毎年大般若経一部六百巻、仁王経十部百座、唯識三十頌一千巻」を転読することを義務づけた。[37]この時に大禰宜の中臣氏が幕府より与えられたのは地頭職であったため「関東御領」と見なされ、その後も相続のたびに幕府の安堵がなされていた。

正安三年（一三〇一）四月二十二日には、前大禰宜中臣朝親は鹿島社領の大賀村等を嫡子の中臣能朝に譲ったが、(38) 乾元二年（一三〇三）二月三日の「鎌倉将軍家政所下文」では、左記のように亡父中臣朝親譲状に従い、権禰宜中臣能親が府郡橘郷と行方郡大賀村、当社名田畠を早く領知するよう命じていた。

〔史料5〕鎌倉将軍家久明親王政所下文案(39)

将軍家(久明親王)政所下

可レ令三早鹿島社権禰宜中臣能親領二知常陸国府郡橘郷・行方郡大賀村・当社名田畠一事

右、任二亡父朝親(中臣)正安三年十月廿五日譲状一子細載レ之、為二彼職一可レ被二沙汰(致カ)一之状、所レ仰如レ件、以下

乾元二年二月三日　　案主菅野

知家事

令左衛門少尉藤原

別当武蔵守平朝臣(北条時村)

相模守平朝臣(北条師時)

(3) 地頭大生氏の介入

鎌倉幕府倒壊後の建武元年（一三三四）三月十四日の常陸国衙あての「雑訴決断所牒」中の大禰宜中臣高親の申し立てによれば、行方郡大賀村と大生村は次のように地頭道円・同子息の彦太郎以下によって濫妨されていた。

〔史料6〕雑訴決断所牒(40)

(付箋)「建武元年雑訴決断所下知「廿」」

雑訴決断所牒　常陸国衙

鹿島太神宮大禰宜高親(中臣)申、当国行方郡大賀村・同郡大生村地頭道円・同子息彦太郎以下濫妨事副申状・具書

右高親帯二弘安五年将軍家寄進状・正応五年以来関東安堵下文等一、可レ被レ停二止道円等之濫妨一云々、所レ申無二相違一者、可レ沙‐汰二付高親於当村一、有二子細一者、可レ被二注進一者、以牒

雅楽允藤原(花押)

建武元年三月十四日

右少弁藤原朝臣(甘露寺藤長)(花押)

この大生氏については、永享四年(一四三二)八月二十三日の「平千代益寄進状」で、鹿島社領の行方郡大生郷松和内在家・田を平氏娘千代益が養父大生修理亮入道道希より譲られたと述べていることから(41)、大生氏が大生郷を本貫の地とする平氏＝常陸大掾氏の一族であったことがわかる(42)。現在残されている「大生氏系譜」によれば、大生氏の初代は吉田系の石川家幹の子大生八郎玄幹とされるが、この人物は「石川氏系図」では大野八郎光幹とされており、大生氏を石川氏の系譜に結びつけるのには無理がある(43)。大生郷には元暦年中(一一八四～一一八五)に地頭行方太郎景幹が得分を持ち鹿島社神官と対立していたのであり(44)、時代は離れるが、行方氏の流れを引く一族ではないかと考えられる(45)。

図3　行方氏略系図(常陸大掾系図『群書系図部集』第四)

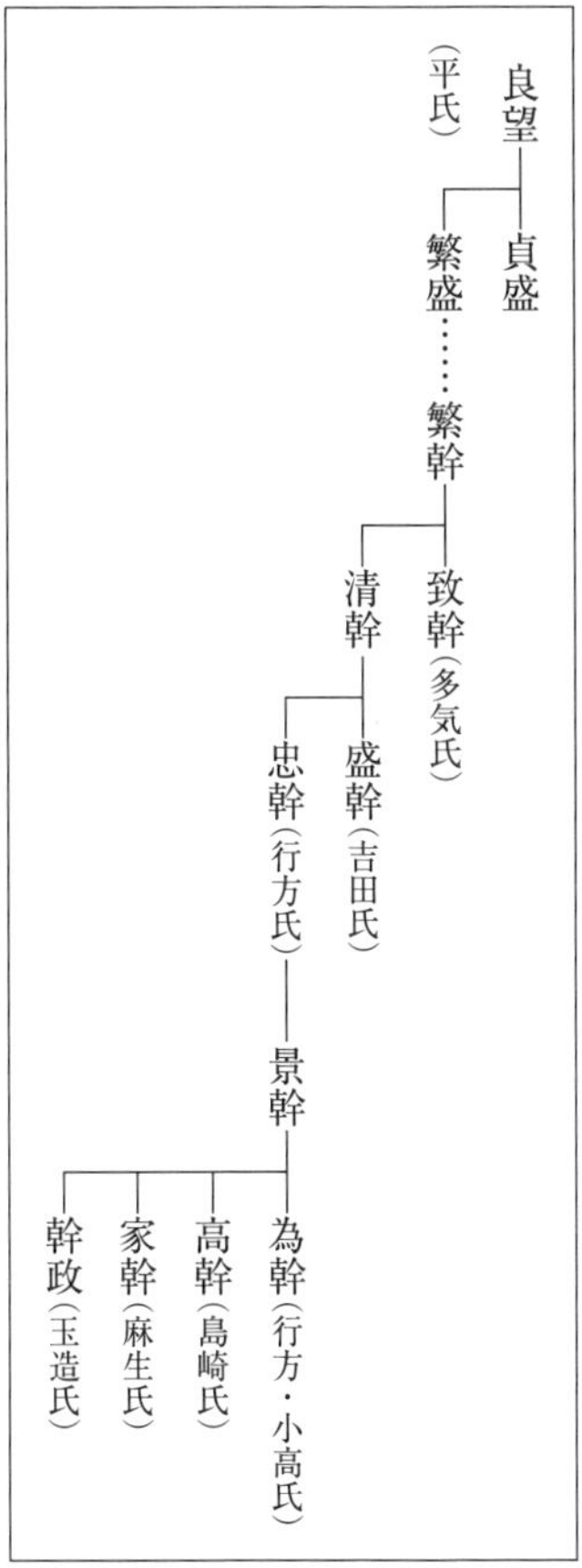

⑷「大生郷の例」による加納内の紛争解決

しかし、次の文保二年（一三一八）「関白前左大臣家二条道平政所下文」によれば、大禰宜中臣良親と鹿島社領の地頭が争った際、「云二下地一云二所当一、任先例并大生郷之例、可レ致二沙汰一」ということで大生郷は紛争解決の模範例とされていた。

〔史料7〕関白前左大臣家二条道平政所下文[46]（C）

（前略）而地頭等伺二社家遷替之隙一、押┐領下地一、押┐妨検注一之間、厳重日次仏供、如二当時一者有名無実也、剰適所済、動二対押《捍カ》一之間、微力良《中臣》親取二借上一、経┐替之一、於二関東一致二訴訟一之条、云二借上積一、云二訴訟費一、旁以不便次第也、争無レ誡御沙汰哉、然者云二下地一云二所当一、任二先例并大生郷之例一、可レ致二沙汰一之旨欲レ蒙二御成敗一、是三（後略）

これは、下地中分後の加納一二郷で地頭が下地を押領し年貢を対捍していることに対し、社家側が幕府での訴訟を行ったが費用がかかりすぎたため、下地・所当について先例および大生郷の例に従って解決することを提案したものである。このことは、大生郷の下地と所当について社家と地頭の話し合いによる和談が成立したことを示している。そして、大生氏が支配していた隣村大賀村についても、大生郷の例により同じ解決法がとられたであろう。後述するように、大賀村の下地が宮方と地頭方に区分されているのは、この時の紛争解決の結果であったと考えられる。鎌倉幕府が倒壊した後、社家が大生郷と大賀村を支配していた大生道円を告発したのは、和談の前提が崩れたからで、それまで押領や年貢対捍がなかったということを意味するものではない。

このように寄進後の鹿島社領大賀村（地頭分）においても、南隣大生郷の地頭大生氏が介入し実効支配を進めていたが、社家との和談による解決も図られていたということができよう。

以上、古代逢賀郷から中世相賀郷へ変化し、さらに大賀郷が分立してゆく過程を追ってみたが、まとめてみると次のようになる。

相賀郷は保延五年（一一三九）に太政官符により加納に編入され鹿島社領とされた。しかし、文治四年（一一八八）に地頭が、幕府より加納は請所とされたとして下地知行権を主張し始めたことから、鹿島社側では加納一二郷の支配を回復するため訴訟を行い、下地中分を実施することになった。この時、相賀郷は給主分・地頭分（大賀村）として分割されたと考えられる。その後、大賀村を下地知行した地頭も何らかの事情で幕府より地頭職を収公され「関東御領」となった。そして、弘安五年（一二八二）になってから、異国降伏の大般若経転読のため大賀村地頭職は鹿島社に寄進された。しかし、鎌倉末期には隣郷の地頭大生氏が大賀村に介入し支配を押し進めたが、鹿島社家との妥協も図られ、さらに村内が宮方と地頭方に分割されたと考えられる。

こうした状況を図にすると次のようになろう。

図4　相賀郷・大賀村の支配相関図

鹿島社領加納＝［相賀郷（給主分）］…地頭行方氏の支配

幕府領＝［大賀村（地頭分）］↓社家へ寄進…地頭大生氏の支配

二　元徳二年大賀村の役所と検注・年貢

1　大賀村検注取帳副日記の分析

このような鹿島社家と地頭の支配をめぐる抗争の中で、鹿島社領の大賀村はどのような形で存在していたのであろうか。鹿島神宮文書の「大賀村検注取帳副日記案」(47)はその実態を解き明かす有力な史料である。これは田畠ごとの検注そのものを記したものではなく、検注取帳の副日記として、検注の基準や費用、年貢の配分などを書き綴ったものである。現在は鹿島神宮文書として巻子本に仕立てられている。横一三一・二cm、縦二六・〇cmの継紙となっており、書体は楷書であるが文体は仮名交じりの口語体である。近年、茨城県歴史館より写真版付きで翻刻された『鹿島神宮文書』が刊行され、より文書の実態に即した検討ができるようになった(48)。端裏書には「大賀村検注取帳副状并雑志料目録」とあり、次のように四つの部分によって成り立っている。

A元徳二年「検注取帳副日記」
B元弘元年「検注雑志料事」
C右件の検注後の沙汰
D裏書き

この文書は成立以降たびたび筆写されており、富澤清人氏もその著『中世荘園と検注』でこの文書について一部引用しているだけであり(49)、取り扱いのむずかしい史料であることが窺える。しかし、『潮来町史』では内容全体を紹介しており(50)、水谷類氏も「中世神社における社領支配の特質―常陸国鹿島社の場合―」(51)で分析を試みている。この大賀村については実態を示す史料が少ない上に、史料上に表れる文言や文章に難解なものが多いため、これまでの研究では解釈が一致しない。そこで、結論を急がず一つ一つの言葉の多義性に留意しつつ内容を検討していきたい。長文にわたるためA～Dに分割して表示することとする。

2　元徳二年の大賀村検注取帳副日記（A）―検注・年貢―

(1)日記の内容

まず、日記Aについて検討したい。

〔史料10〕大賀村検注取帳副日記案(52)　元徳二年「検注取帳副日記」（A）　＊便宜上(a)～(e)を付けて区分する。以下同じ。

（端裏書）「大賀村検注取帳副状并雑志料目録」

大賀村検注取帳副日記

(a)六十歩ト云ハ　足数六十歩也　小ト云ハ　二六十歩也
半ト云ハ　三六十歩也　大ト云ハ　四六十歩也
三百歩ト云ハ　五六十歩也　一段ト云ハ六々十歩也
凡一反ト云ハ頭六杖町、六十杖也、一杖ト云ハ六十歩也

(b)一反ニ　五斗四升也　此内　四斗ヲ宮方へ沙汰ス
一斗四升当方へ納也
三百歩ニハ四斗五升　此内　三斗三升三合宮方へ沙汰ス
一斗一升七合当方へ納也

大ニハ　三斗六升　此内　二斗六升六合々中宮方へ沙汰
九升三合々中当方へ納也
半ニハ　二斗七升　此内　二斗宮方へ沙汰ス
七升当方へ納也
小ニハ　一斗八升　此内　一斗三升三合宮方へ沙汰ス
四升七合当方へ納也
六十歩ニハ　九升　此内　六升六合々中宮方へ沙汰ス
二升□（三）合々中当方へ納也

(c) 一　斗代ト云ハ一反ニ一斗三升也、是ハ宮方へ六升五合、当方へ六升五合
同分ニ納也

(d) 一　都合ト云ハ宮方ノ百姓モ読田一反ニハ五斗四升沙汰ス、此内一斗四升当方へ納ルヲ勘定シテ、大賀ノ籾ヲ
宮方へ沙汰アルヘキヲ、当方ニト、メオクヲ加徴米ト云也

右、依読田、宮方へ都合ノ籾ヲ沙汰シテ後

(e) 五斗　御別料、五月五日・小七月両度ノ分ニ禰宜ニ請取スル也
六斗　五月五日・小七月ノ駄餉料神事米ト云、百姓十人シテ請取也
三斗　堰料トテ百姓等請取也
一斗　御倉祝トテ百姓等請取也
二石四斗供料三人分、一口八斗充也

合三石九斗役所へ下行ス、余分ハ名主筆祝ニ給也
元徳二年庚午十一月十八日日記ヲ写畢
応永四年丁丑十二月八日書写了
同十一年甲申十一月廿五日書改

この日記の成立時期について考えてみると、文章の末尾に「元徳二年庚午十一月十八日日記ヲ写畢」とあり、この写しを後年順々に写しているのでこの最初の元徳二年に成立したということになろう。内容的に(a)は検注基準で、(b)〜(d)は収納、(e)は下行について記されている。では次にそれぞれの内容について検討してみたい。

(2)検注基準

(a)については、面積一反＝六×六〇＝三六〇歩を基準とし、六〇歩、一二〇歩(小＝二×六〇歩)、一八〇歩(半＝三×六〇歩)、二四〇歩(大＝四×六〇歩)、三〇〇歩(五×六〇歩)というような計算式を表している。さらに、一反を六杖とし一杖を六〇歩としているが、普通は一杖が一反の五分の一で七二歩であるので、[53]検注の在地慣行を優先した独自性が見られる。常陸三の宮の吉田社領で、正和五年(一三一六)に行われた領主検注についても、「及二検注一事可レ依二惣郷例一之旨」として「惣郷例」の慣例により行われたとされている。[54]

(3)「読田」の年貢

(b)部分では一反から六〇歩までの面積ごとの年貢高と宮方および当方それぞれへの納入の仕方を記している。この年貢は後の(5)で述べるように読田に関するものである。宮方とは鹿島社家(大禰宜中臣氏)のことであり、当方とは、(5)で考察する通り地頭方のことである。この場合、一反の年貢基準を五斗四升としているが、文保二年(一三一八)の丹波国大山荘一井谷百姓等年貢斗代請文によれば、上田は反別七斗五升、中田は反別五斗七升、下田は反別四斗五升

となっていた[55]。これに対して東国では次のような年貢率となっていた。

①上総国馬野郡下富益両郷（文永十二年〈一二七五〉）…郡本（反別三斗代）、富益（反別三斗代）、豊成（反別三斗代[56]）。

②下総国下河辺荘（永仁二年〈一二九四〉）…佃（反別八斗四升定、除種食定）、所当田（反別四斗定[57]）。

③某所百姓申状（徳治四年〈一三〇九〉）……去る徳治三年検見の時古進粎三斗、当進一斗ずつの所当を定められたが、今年より古進・当進三斗ずつ責められ難題の子細となっている[58]。

④称名寺領（元亨二年〈一三二二〉）…………反別九斗代[59]。

⑤加賀国軽海郷（元徳三年〈一三三一〉）……加徴米（反別一斗定）、佃（反別一石八斗五升定）、散田（反別一石定[60]）。

⑥上総国高梁荘（元応二年〈一三二〇〉）……百姓名田（反別二斗三升代）、下司名田（反別一斗代）、御作田（反別九斗五升代[61]）。

⑦上総国永吉郷（年未詳）…………………請地（六斗代、五斗代）。

埴生郡南坂本……………請地（五斗代、五斗五升代）。

永志郷………………請地（六斗代、五斗五升代、五斗代[62]）。

⑧上総国河原郷（年未詳）……………………平福寺寺田（所当反別四斗六合代）、光明寺寺田（所当反別四斗六合代[63]）。

これらをまとめてみると、佃（御作田）は反別一石八斗五升～八斗四升代であり、散田は反別一石代、請地が六斗～五斗代であり、所当田が四斗六升～三斗代、百姓名田二斗三升であった。これらと大賀村の年貢基準を比較すれば、大山荘の中田と下田の中間にあたり、東国では佃と百姓名田の間に相当する。そして、この一反当たり五斗四升のうち四斗（七四％）を宮方に沙汰し、一斗四升（二六％）は当方（以下後述の通り地頭方とする）へ納めるとされた。

⑷「斗代」の年貢

さらに(c)では、先の年貢とは別に、斗代一反当たり一斗三升のうち宮方へ六升五合が沙汰され、地頭方へも同額の六升五合が納められるとした。斗代とは一反当たりの年貢額であるが[64]、前記⑥の百姓名田でも反別斗代二斗三升であり、それよりもさらに低い。ところが③の場合は、古進籾では三斗であったのが当進では一斗とされており、農民の減免闘争によってはさらに引き下げられる場合もあった。この場合の斗代とは、読田のような特別に設定された田ではなく、一般的な田にかかる斗代という意味であろう。読田と別に年貢が記されていることから考えて、これは読田とは別な田と考えられる。

⑸宮方・当方の年貢調整

(d)の末尾に「右、依二読田一、宮方へ都合ノ籾ヲ沙汰シテ」とあるのは、右の(3)で検討した年貢反別五斗四升が「読田」についてのものであったことを示している。「読田」はこの村に課されていた大般若経の転読料を賄うために名付けられたものであろう。(d)の本文は、はじめに「都合ト云ハ」といって宮方の年貢徴収から上納までの配分の仕組みを記している。それによれば、宮方の百姓も「読田」一反につき五斗四升を沙汰し、そのうち一斗四升は地頭方へ納めることになっていた。そして、この地頭方に納めた一斗四升を「勘定」して、宮方へ沙汰すべき「大賀ノ籾」の代わりとして地頭方に留めておき、これを「加徴米」と称した。これは、宮方から地頭方へ納めるべき読田の反別一斗四升を、地頭方から宮方へ沙汰するべき大賀の四斗と見なしてそのまま宮方へ納め、地頭方の読田の四斗は納入しないで済まそうという算段であった。このことを「加徴米」と呼んでいる。ここで留められた「大賀ノ籾」(「加徴米」)は、その後役所へ下行される三石九升のもととなる。

こうして、宮方へ都合の籾を沙汰して残ったもの(「加徴米」)が地頭に納められずそのまま役所に下行される仕組みとなっていた。このことは、「加徴米」と役所への下行分合計は同じであるということになり、それでも余分が出た場合は名主筆祝に給すことになっていった。この宮方・地頭方の年貢調整が成立するためには、宮方の読田一反当たり一斗四升代と地頭方の一反当たり四斗代の年貢米の総集計量が同じとなる必要がある。そして、それは役所への下行分三石九斗と同じになるはずである。とすれば、下行分三石九升を宮方の反別一斗四升で割れば宮方の読田の面積が出ることになる。さらに、同じ計算式によって地頭方の面積も明らかになろう。それを左記に示してみる。

〈宮方の読田の面積〉　加徴米三石九斗÷反別一斗四升＝二七・八五反（二町七反三〇六歩）

〈地頭方の読田の面積〉　加徴米三石九斗÷反別四斗＝九・七五反（九反二七〇歩）

〈読田の合計〉　三七・六反（三町七反二一六歩）

〈加徴米の比率〉　三石九斗÷三七・六反＝反別一斗四合

ここで年貢米は「大賀ノ籾」とあるように、大賀（地頭方）では籾で納めていたことが知られる。一方で、「宮方へ都合ノ籾」ともあり宮方へも籾で納めていた。正中二年（一三二五）の「下総国東荘年貢算用状」（御年貢籾結解）によれば、東荘上代郷黒部村では年貢は籾で納められ、それを一斗別五升充で米にして上納していた。[65]このように、一般的に年貢はまず籾で納め集計されていたのであろう。

これまでの年貢米の納入の流れを図にすると次のようになろう。

(6)当方＝地頭方について

文中の「加徴米」とは、いうまでもなく新補地頭の得分の加徴段別五升をさすが、[66]五升を越えた一斗四合の過剰収取であった。称名寺領加賀国軽海郷でも、加徴米として除田一町一反の地に反別一斗定が掛けられていた。[67]大賀村の「加徴米」は地頭が徴収するものであり、それを当方に留め置くとされていたのであるから、この当方とは地頭方の

図5　年貢米の納入方法　(太実線)読田、(破線)斗代

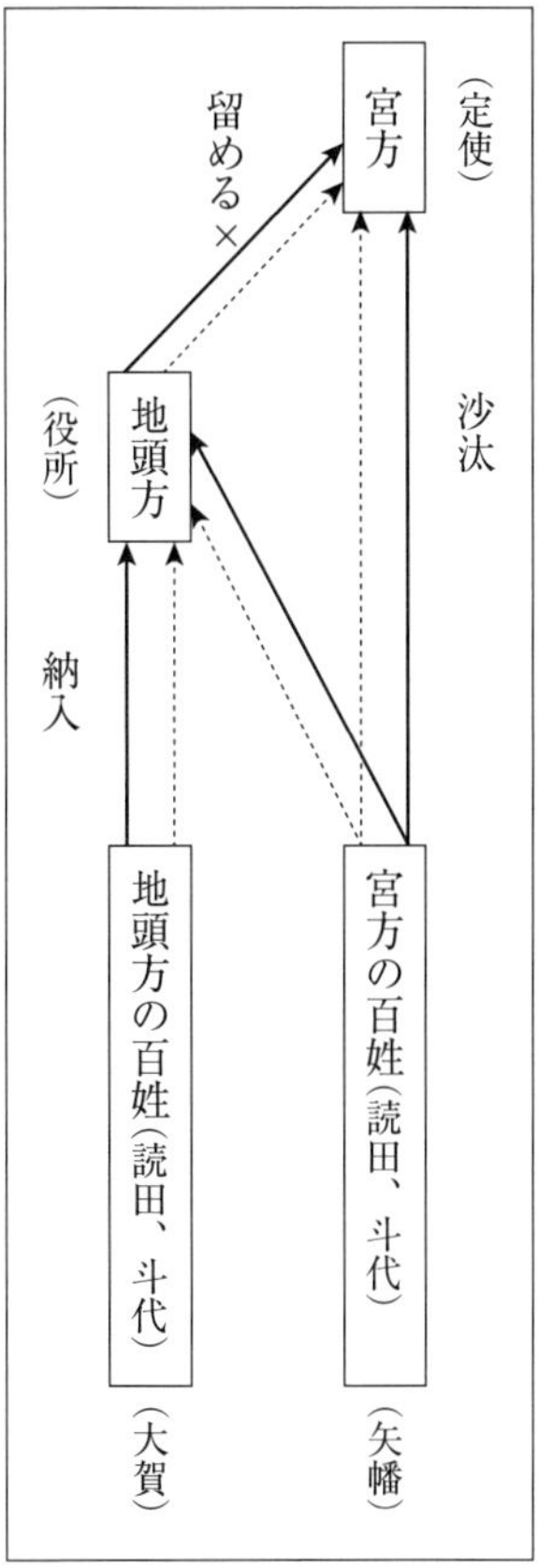

こととなる。この日記で一貫して「当方」と称されてきたのが、実は地頭方のことであったことが確認できる。ただし、ここで当方に留め置くという使い方には、地頭方だけでなく実際に実務を行っている地頭方役所(村役所)という意味も含まれている。一般的には自分側のことは固有名詞では呼ばないことが多いが、この日記の筆者が地頭方役所にあって自称として「当方」という言葉を使ったのであろう。

(7)大賀村内の二つの集落

前記史料10(d)に「大賀ノ籾」という言葉が出てくるが、この「大賀」は「宮方の百姓」と対比した言葉となっている。後の史料12でも「宮方ノヲトナ」「大賀ノヲトナ」と並び称されている。大賀村内のことを記した文中で宮方と対比して「大賀」というのは、この「大賀」が地頭方であり、かつ村内にある大字大賀を指すためと考えられる。それでは、大賀村が宮方と地頭方＝大字大賀に分割されていたとすれば、宮方とはどこを指すのであろうか。

大賀の南は大生郷となるのでその地に求めることはできない。とすれば、宮方は大賀の北隣の大字矢幡に当たると

表1　中・近世の大賀村内大賀・矢幡の水田面積比較推定

時代	大賀（35％）	矢幡（65％）	備考
鎌倉初期	25町4反7畝19歩	47町3反1畝4歩	反別360歩
江戸初期	30町5反7畝9歩	56町7反7畝10歩	反別300歩

考えられる。江戸初めの寛永期の村高（田畑）では大賀村は四一〇石六斗四升九合で、[68]矢幡村は六三一石三斗五合であった[69]。比率は三九％対六一％である。後の表3のように、検注雑事料割当（田）で地頭方が銭四五〇文（三六％）、宮方が八〇〇文（六四％）、籾で地頭方一斗一升三合（三四％）、宮方二斗二升（六六％）という数字と比べると、ほぼ三・五対六・五の比率となることから、地頭方は大賀（村）で、宮方が矢幡（村）であった蓋然性が高い。

中世の大賀村地頭方（大賀）にあたる近世初期の大賀村の「寛永八年大賀村御水帳」によれば、田は三〇町五反七畝九歩、畑は八町二反二畝六歩、屋敷一町四反九畝二七歩であり、居屋敷五二軒（うち御蔵屋敷一軒、二軒持ち農民一人、一軒持ちは四九人）であった[70]。この農民の内五人は分付け百姓で、四五人は本百姓であった。これは鎌倉時代とただちに比較はできないが一つの目安となろう。

すなわち、石井進氏によれば、真壁郡長岡村の近世の田地三一町七反九畝余を中世と近世の一町当たり基準面積比六対五で換算すると中世には二四町二反四畝であったという[71]。これにならって、地頭方（大賀）と宮方（矢幡）の水田規模の割合を、先の例から三・五対六・五（三五％対六五％）として、寛永八年の大賀村＝大賀の三町五反七畝九歩をもとに算定すれば、時代・地域別面積比較はおおよそ表1のように推定できよう。

3　地頭より村役所への祭祀・灌漑費用の下行

(1)役所への下行とその機能

また、史料10(e)にあるように、元徳二年（一三三〇）に「役所への下行」として米三石九斗が村内農民に配分された。

ここで言うところの「下行」とは、上位の者が下位の者に米銭などを与えるということであるが、[72]「役所」については戦陣の詰所とか関所の異称という意味がある。[73]文保三年(一三一九)の「常陸国惣社造営役所地頭等請文目録」に「役所」と見え、[74]また康永三年(一三四四)正月日の「清原師氏目安」にも「奥七郡地頭・名主等之役、令㆓勤仕㆒之処、同佐竹刑部大輔乍㆑令㆑知㆓行其役所㆒、近年欠㆓如之㆒」とある。[75]両文言の「役所」は常陸国惣社の造営役や奥七郡地頭・名主役を負担する所という意味である。そして、永享五年(一四三三)六月の「鹿島神宮諸役覚写」に「此次ハ大倉村分、奉行脇鷹祝、二俣村役所より中殿ミカミキヤノ御前マテ一円也」とあり、二俣村の施設として役所が記されている。[76]この二俣村役所は村の施設と考えられる。大賀村役所の場合は「役所へ下行ス」というように下行の対象とされており、この場合の「役所」は下行される物を受ける組織や機関でなければならないが、このような意味での「役所」の用例は鎌倉時代には見られない。とすればこれに近い用語である「政所」の文字が誤写された可能性もある。しかし、いずれにも決しがたいので内容的には政所の機能を有するものと想定し、ここではそのまま「役所」として表記することとする(以下カッコはとって使用する)。

政所は荘園の現地支配機構、管理事務所のことであり、[77]尾張国富田荘では弘安六年(一二八三)に北条氏から円覚寺が地頭職を受け継ぎ地頭請所のもとで検注を実施したが、その結果を記した「円覚寺米銭納下帳」に「年貢、政所直可㆓収納㆒元名主収納云々」とある。[78]これは従来名主が年貢を収納してきたのを円覚寺が政所が直接収納する形に改めたものであった。後の応永元年(一三九四)には、鶴岡八幡宮領の武蔵国佐々目郷に郷政所があり領家からの所務や命令を執行し、百姓たちの要求を受ける場ともなっていた。[79]大賀村の役所も宮方・地頭方双方から年貢を集めそれぞれの領主へ上納し、次のように村内農民に下行分を配分していた(表2)。

表2　元徳2年の役所への下行

役所下行分三石九斗の内訳(割合)			配分先
御別供料	5斗	13　%	禰宜請取
供料	2石4斗	61.5%	(名主)3人分(1口8斗)
駄餉料(神事米)	6斗	15　%	百姓10人請取
堰料	3斗	8　%	百姓等請取
御倉祝(料)	1斗	2.5%	百姓等請取
筆祝(料)	余分		名主

⑵下行分の配分(祭祀・勧農)

役所に下行された三石九斗の米はさらに村内の名主・禰宜・百姓に配分された。

その配分内容については、①祭祀費用、②堰管理費、③御倉の管理費、④筆記具などが挙げられ、村の運営維持に必要なものばかりであった。

まず①祭祀費用として、禰宜が五月五日(端午の節句)と小七月の二度の神事の分として御別供料五斗を受け取り、ついで百姓一〇人が五月五日小七月の駄餉《だこう》料として神事米六斗(一人六升)を受け取っている。駄餉とは馬に付けて送るかいばのことであり[80]、馬を使った引馬か流鏑馬などの神事が行われたのかもしれない。この百姓一〇人とは、後出の裏書き(史料12)に「十人ノヲトナ」とあるように、おとな百姓一〇人のことと見られる。また、供料二石四斗を三人(一口当たり八斗)が受け取っている。供料は寺社に供える米のことであるが[81]、この三人は禰宜やおとな百姓よりも受取額が多いので、それより格上の者とみられ、この文章の後に「名主筆祝ニ給也」とあるので、この名主が該当するであろう。

一般に中世において神事は宮座によって行われるが、名を単位とする頭役の制がとられていた。それを担っていたのは複数の名主で、一年交代で頭人となり祭祀を勤め、神田を耕作して(させ)その一部の費用を負担していた。その名の頭人に対して、脇名などの寄子が費用・労役を提供した[82]。大賀村の場合は名主が中心となり、おとな百姓などを従え神事を執り行っていたといえよう。現在、大賀には北浦を望む独立丘陵(浅間山)上に浅間神社があり、ここにおいて神事が行われていたと考えられる[83]。

また、②堰料として三斗を百姓等が受け取っているが、これは大賀村の北を東流する雁通川の上流に堰を造り田へ配水するための用水を管理する費用であろう。雁通川はかつては上流で二筋に分水され数か村の用水路となっていた。(84)ここでは「百姓等」が請取人となっているが、これはおとな百姓を代表とする百姓など村民全体を指すと考えられる。

さらに、③「御倉祝」が百姓等に渡されている。「祝」とは文和三年(一三五四)の「鹿島神宮七月祭礼御祝料等注文」(85)にあるように、「案主所祝料」「高倉祝料」などの「祝料」の略語と見られる。御倉は御が付くのであるから年貢米を収める領主の倉であろう。元徳年間(一三二九〜一三三二)の「加賀国軽海郷年貢済物結解帳」には「政所屋家々作料」「同棟上　倉二宇」とあり、政所屋に付属して倉二宇が建てられていた。(86)仁治二年(一二四一)五月の「丹波国大山荘領家御年貢注文事」では、年貢から差し引かれる荘家恒例立用に「五斗　御倉開」が計上されている。(87)大賀村では百姓等が請取人となっており、村民全体の責任で御倉の警備や管理を行っていたと考えられる。

(3)役所における名主の実務

最後に④筆記具について。「余分ハ名主筆祝ニ給也」ということであるが、「余分」というのは「加徴米」の取り扱いによっていくらでも増やせるものであった。この名主に与えられた筆祝(筆料)は個人的なものではなく公的な仕事に使うために支給されたはずであり、この役所での実務である年貢、祭祀・勧農などでの文筆計算に使われたものであろう。鎌倉時代の政所は、先の尾張国富田荘のように、もともと名主が年貢収納の責任者であったが、それを政所に直接納めさせた例があり、名主が共同で実務を担ったものと推測される。藤木久志氏は、永正期の法隆寺領播磨国鵤荘で名主・百姓が逃散し政所へ出仕しなかったことから、政所の運営は名主・百姓を不可欠の構成要素としていたと述べている。(88)大賀村の役所も名主の出仕により運営されていたということができるであろう。

(4) 大賀村の農民階層

この村には次のように名主（三人）、おとな百姓（地頭方一〇人、宮方人数不明）、百姓、小百姓（散田作人）などがいた。

（名主）　名主筆祝ニ給也、二石四斗供料三人分（史料10・12）、名主方へ請取也（史料11）、名主方へ罷越了（史料13）

（おとな百姓）　百姓一〇人（史料10）、宮方ノヲトナ、大賀ノヲトナ（史料12）、十人ノヲトナ、ヲトナ共令二難渋一了（史料13）

（禰宜）　禰宜（史料10・13）

（百姓）　宮方ノ百姓、百姓等請取也（史料10）

（小百姓）　修正田アツカル物（者）（史料13）

名主（本名主）は三人いて、村役所において年貢収納・上納の取り扱い、検注作業への参加のほか、村の勧農・祭祀などの村の運営を担っていた。筆祝はその事務費用であった。おとな百姓は宮方・地頭方双方にいたが、地頭方には一〇人いた。後述するように、堰の管理でおとな百姓がそれぞれの集落を代表して堰料を受け取り管理維持の作業を指揮したと考えられる。しかし、祭祀では名主のもとで従属的な立場に置かれていた。禰宜は、おとな百姓中から選ばれ交代で務めていたと考えられる。百姓は村内でも多数であったと考えられ、灌漑や御倉の管理を支えた。その他、修正田を預かって耕す小百姓がいた。

これまで述べたことをまとめてみたい。まず、大賀村は宮方と地頭方との二つに区分され、それぞれ鹿島社家（大禰宜中臣氏）・地頭（大生氏）の支配下にあった。村役所は双方から年貢（「読田」分・「斗代」分）を集め、鹿島社家と地頭に年貢を上納するほか、「加徴米」と称して年貢の操作を行いその一部を村役所に留め、地頭方から「下行」されたとして、村内の農民に①祭祀費・②灌漑費・③御倉管理費・④筆祝(料)の配分を行っていた。こうした村役所の機能は名主層によって支えられていた。村内にはその他おとな百姓・禰宜・百姓・小百姓などがおり、名主中心の村落秩序が形成されていたといえよう。

三　元弘元年大賀村の役所と検注・勧農

1　元弘元年の「検注雑志料事」(B)—検注雑事の割当

(1)「検注雑志料事」の内容

次に「大賀村検注雑志料事」(B)を見てみたい。

〔史料11〕大賀村検注取帳副日記案　元弘元年「検注雑志料事」(B)

大賀村検注雑志料事

(a)　銭一貫二百五十文　　白米二斗八合々中

粈三斗三升三合　　大豆三升

此外水クリヤヨミアヒノ酒肴ノ代アリ

又帳紙二帖アリ

一　雑志ヲハイ分スル次第、宮方ヘノ分

銭八百文　　白米一斗三升八合々中

籾二斗二升□□　大豆二升
此外水クリヤ細々在レ之、又帳紙一帖
文和三年十二月廿五日　元弘日記写レ之

一　地頭方ヘノ雑志ハイ分事
銭四百五十文　白米七斗八合々中
籾一斗一升三合　大豆一升
此外水クリヤ細々物并長紙一帖アリ

(b) 又云、銭三百文・白米四升七合・籾七升五合・大豆一升・紙一帖名主方へ請取也
銭百五十文・白米二升三合・籾三升六合、定使□□□《（トラスカ）》ル也

(c) 但池代八反大ノ分百三十三文ハ、元徳二年庚午ヨリ留レ之、然間一貫百六十文納テ、此ヲ已前ノ如二日記両方へ配分スル者也
元弘元年辛未十一月十八日々記ヲ、貞和五年己丑十一月十七日、当二十九年一、写レ之、又文和三年甲午十一月十七日、自二元弘元年一至二于今一当二二十四年一、写レ之畢
雖レ然応永四年丁丑十二月八日、当二四十四年一、此目録ヲ見出畢、元徳二年庚午年ヨリ応永四年丁丑十二月八日二至ルマテ六十九年二、池代八反大カ分百三十三文留レ之畢

これは端裏書では「雑志料目録」となっている。この末尾に「元弘元年（一三三一、南朝年号）十一月十八日々記」とあるが、元弘元年改元（八月九日）は東国には伝わっていないので、おそらく元徳三年と書かれていたものを写し取った時点で書き改めたものであろう。そう考えれば、この日記は一三三一年に成立したとしても不自然ではないと

考える。Aの「大賀村検注取帳副日記案」が元徳二年の紀年を有し、Bの「大賀村検注雑志料事」が「元弘元年」（元徳三年）のものであることから、検注から目録固め、検注雑志（雑事）料の配分、村内への下行などが二年間にわたり行われたことになる。その後この文書は貞和五年（一三四九）十一月十七日、文和三年（一三五四）十一月十七日に写されたが、応永四年（一三九七）十二月八日にこの目録を見つけ出し写している。Aの日記も同日に写されているので、一緒に見つけられ写されたものと見られる。

この「検注雑志料事」（B）の内容は大きく分けると、(a)〜(c)となる。(a)は検注雑事料の宮方、地頭方への配分であり、(b)は検注にかかる物品・費用の名主方・定使への支給であり、(c)は池代の停止と配分であった。

(2)検注雑事料の割当

まず(a)に見える「検注雑志料」について考えてみたい。この「雑志」とは、雑事といい中世荘園制の下での雑公事のことで、年貢以外に収める各種の物資をいう[89]。つまり、ここでいう検注雑事とは、検注にかかった品物や費用を農民に割り当てることであり、文中に「雑志ヲハイ分スル」とあるが、配分とは、くばり分けること、割り当てて配るという意味がある[90]。検注雑事の例としては宝治二年（一二四八）十二月五日の「関東下知状」に、和泉国久米多寺別当祐円と同国山直郷四箇里地頭代沙弥西生の相論で、寺家が「人用浮免者、毎年進二勘料於国司一、相二語百姓一取二見米一由事如レ此、浮免不レ限二当寺一、進二段別肆文勘料於国衙一之上、検注雑事入レ之」と、毎年国司へ勘料を納め浮免田を百姓から徴収していたが、その中に検注雑事も含めていたのである[91]。このように検注雑事は百姓から徴収されるものであった。

その検注雑事料の内容は表3のようになる。この雑事料では、銭一貫二五〇文、白米二斗八合、籾三斗三升三合、大豆三升、そのほか水厨読み合いの時の酒肴の代、帳紙二帖などであった。読み合いとは、検注取帳を書き上げたあ

表3　元弘元年検注雑事料割当

品目	総計	宮方へ割当	地頭方へ割当
銭	1貫250文	800文	450文
白米	2斗8合	1斗3升8合	7升8合
籾	3斗3升3合	2斗2升	1斗1升3合
大豆	3升	2升	1升
水厨読合	酒肴代	細々在之	細々物
帳紙	2帖	1帖	1帖

表4　元弘元年検注時の支給品目

品目	名主方で請取	定使に取らせる
銭	300文	150文
白米	4升7合	2升3合
籾	7升5合	3斗6升
大豆	1升	
帳紙	1帖	

と水厨に検注使・荘官・地頭・百姓らが集まり一筆ごとに読みあげ確認作業を行うものであった(92)。この費用の割り当てでは先述のように、宮方が銭で八〇〇文(六四%)、地頭方が四五〇文(三六%)、籾米で宮方二斗二升(六六%)、地頭方一斗一升三合(三四%)であるなど、宮方の割合が二倍近く高かった。これは先述のように宮方の矢幡が地頭方の大賀より規模が大きいためであった。

(3)検注時に支給された物品

次に(b)の検注時に支給された品目を表4で示してみる。これらは、検注と目録固めのために名主方・定使に支給されたものである。この名主方は名主三人のことを指しており、検注において在地で重要な役割を果たしており、帳紙を一帖受け取っている。これは検注帳の作成に用いられたものであると推測でき、作られた検注帳は村の基本台帳として名主方が保管する責任を負っていたと考えられる。一四世紀後半、南北朝期頃の成立で広く手習いの手本として用いられた「庭訓往来」の三月の手紙には、在地に入部した代官が行うべきこととして「厨・垸飯無二相違一者、早課二沙汰人等一、地下目録・取帳以下、文書済例、納法注文、悉可レ被二召進一也」とあり、沙汰人等から地下の目録や取帳などの台帳を取り寄せることを挙げている(93)。このように、在地の沙汰人等は土地や年貢の基本台帳を保管していたのである(94)。大賀村の名主も年貢を集めて領主に上納するという沙汰人と同様の役割を果たしていた。

一方、定使は社家の年貢催促納入責任者である。常陸三の宮の吉田社領の場合、定使は京都の領家預所から在地に派遣され年貢の催促と京進を行ったが、徴収が困難になると在地の者を任命するようになった[95]。当文言の場合も、定使は社家から派遣されたが下地進止権を地頭に握られており、実際には年貢を受け取ることが主任務であったため、名主方のように帳紙は支給されなかったと考えられる。

(4) 池代の停止と納入

このほかに(c)では池代の「留レ之」について記されている。これは池代としての八反大(二四〇歩)の分一三三文を元徳二年(一三三〇)より停止したが、それにより一貫一六〇文を納めることとし、これを以前の日記のように両方(宮方・地頭方の百姓)へ配分することにしたというものであった。「留め」たのに「納め」たとはどういう意味であろうか。このことは後で考えることとし、まず池代の納入額を見てみよう。この納めるべき一貫一六〇文とは八反大(二四〇歩)と一三三文を掛けると一貫一五七文でほぼ同じとなるのでこれが一年分の上納分であり、かつ一反の斗代は一三三文ということになろう。

(5) 池代

では、この池代とは何であろうか。大賀村の前面に広がる北浦は、中世には入海で塩分濃度が高く灌漑には使えなかった。現在ではわずかになったが、かつて大賀村の段丘の谷地の奥には堤によって多くの溜池が造られ水田を潤すのに用いられていた[96]。

後の史料であるが、享徳三年(一四五四)十月十六日「大山荘西田井内検帳」によれば、総田数六町七反三〇歩の中に除田として池五反、井料田二反、稲荷田三〇歩があった[97]。この場合の池も、井料田と同じく除田となっていたのであるから、これは池そのものではなく池の補修・修築などの費用を賄う田地のことであった。西谷地晴美氏は、鎌倉

図6　池代の納入と配分の流れ

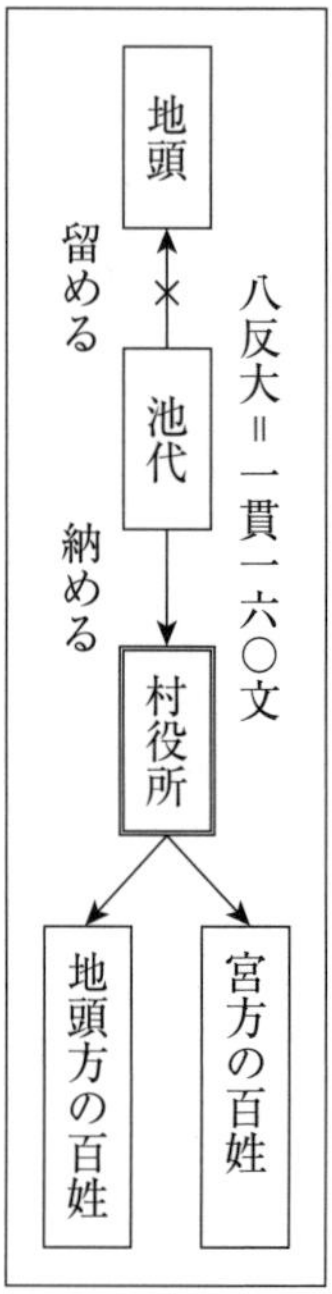

時代の摂津国嶋下栗生村では村落の再生産を左右する井料は在地領主の統制下に置かれていたが、その西隣の浄土寺門跡領外院荘では、鎌倉末期・南北朝時代には下司給田中の井料田を番頭が管理していたという[98]。それによれば、井料は在地領主の支配から番頭の支配へと変化していったということがわかる。とすれば先の池代も除田で、地頭が管理し百姓が下作職を持っていたのを、下作人が地頭に納める分を停止して役所へ納めさせ宮方・地頭方の百姓に配分したと解すべきであろう。

(6)村役所による池代の管理

この池代の両方への配分は、以前の日記に基づく（「已前ノ如二日記一」）とあるように、かつては村の管理下にあったことが以前の日記に記されていたのであるが、先述のように、隣郷の地頭大生氏が大賀村に進出してからは地頭管理となっていたものと思われる。こうして、元徳二年（一三三〇）の検注を境に旧慣に戻したのであった。ということは、この村役所はもともと地頭支配下にはなかったことになる。これ以後応永四年（一三九七）までの六十九年間は、池代を留め役所に納めたというのであるから、村が池の管理権を持つことが固定化していたといえよう。このことから、この日記の有効性は応永四年まで続いていたということになろう。このように、地頭支配下にあっても名主方を中心とした役所は地頭に従属しているのではなく、自立性をもって村の側に有利なように取り計らっていたといえる。

2　元弘元年検注後の沙汰(C)—堰料の下行について

(1)役所への下行

この元弘元年（一三三一）の検注が済んだあと、村では宮方へ年貢について都合の沙汰をし、残ったものを村役所へ下行している。その内容は左記のように(a)役所への下行、(b)堰料の下行に区分できる。

〔史料12〕大賀村検注取帳副日記案　（検証後の沙汰）（C）

(a)　右件検注トケテ後、宮方へ都合ノ沙汰シテ、所レ残
　　五斗　御別供料　六斗　神事米　三斗　堰料
　　一斗　御倉祝　二石四斗　供料三人分
　　　合三石九斗役所へ下行スル也　余○分ハ名主筆祝ニ給也

(b)　一　堰料一石八斗、此内一石五斗、宮方ヨリ下行ス
　　　　三斗、当方ヨリ下行ス
　　　　是ヲ宮方ノヲトナ五斗請取
　　　　大賀ノヲトナハ一石三斗請取也

(a)は前出の史料10日記(e)の元徳二年の役所への下行と同じであり、元弘元年の検注の後に引き続き執行されたものである。

表5　元弘元年検注後の役所への下行の内訳

御別供料	5斗	13　%
供料（三人分）	2石4斗	61.5%
神事米	6斗	15　%
堰料	3斗	8　%
御倉祝（料）	1斗	2.5%
名主筆祝（料）に給う	余分	
計	3石9斗	100%

(2)堰料の下行

また、堰料については(b)のように記されている。すなわち、堰料一石八斗については、宮方より一石五斗（八三・三%）が、地頭方より三斗（一六・七%）が下行された。この下行先は、前記(a)の役所への下行で堰料が三斗計上されているので、この充て先も役所である。そうした上で、宮方の「ヲトナ」が五斗（三三・三%）を受け取り、大賀（地頭方）の「ヲトナ」が一石三斗（七二・二%）を受け取る仕組みができていた。地頭方については、後の史料13裏書（D）で「十人ノヲトナ」という言葉が出てくるように、一〇人のおとな百姓で指導層が構成されていた。このように、宮方と地頭方ではこの下行額と受け取り額が食い違っているが、この中間で調整している機関が役所であった。それを図にすると次のようになる。

図7　堰料の配分の流れ

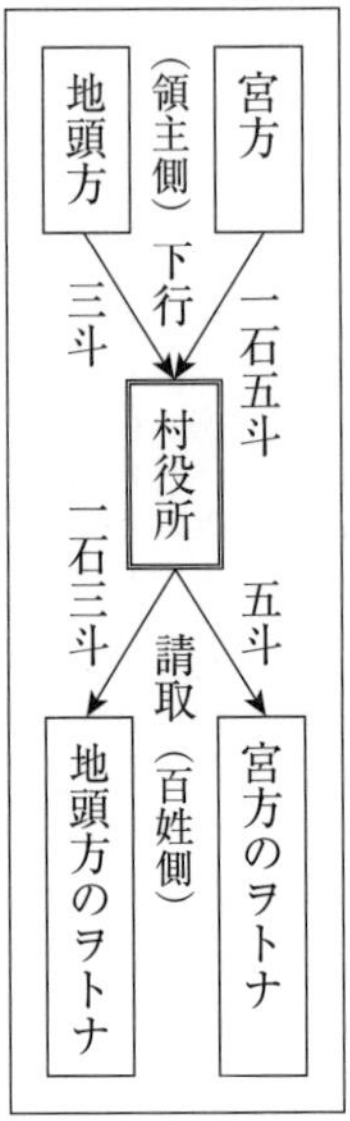

このように、役所は宮方・地頭方双方を合わせた村運営の調整機能を持っていた。そして、そこで配分された堰料を宮方・地頭方のヲトナが受け取り、地域の用水維持管理に当たっていたのであった。元徳三年（一三三一）の真壁郡長岡郷地頭の「長岡宣政売券案」には、「云二山野草木一、云二用水一、任二惣郷一不レ可レ有二違乱一」と記されており、山野草木・用水の管理を「惣郷」が行い、地頭も在地支配ではそれに依存していた[99]。この場合の「惣郷」も、これまでいわれたように在地領主の支配単位ではなく、大賀村のように郷政所における名主を中心とした農民結合を表している

と考えられる。

四　裏書き――おとな百姓の名主批判

最後に、日記の裏書きでは次のように記されている。

〔史料13〕大賀村検注取帳副日記案裏書（D）

（裏書の写）
「名主方へ、正月五日礼節ニ罷越了、三月三日・五月五日ノ節供ニ、料足三百文ツヽ也、十人ノヲトナノ外ニ禰宜御ソナヘアリ
又修正田アツカル物モソナヘ、ヨキサケヘイシ一具出也
但三月三（日脱）・五月五日ノ節供、ヲトナ共令二難渋一了」

これまでの日記が、役所運営を担ってきた名主の側からの記事が多かったのに対し、ここでは名主の特権的取り扱いに対する批判が記されている。一般に裏書きは、裁判の場合、当事者が提出した和与状に担当奉行が記し内容の正確さを証明するためになされるものである。(100) この裏書きも表書きに対する紛争の確認事項として記されたと考えられる。

内容では、まず以下の人々が正月五日に年頭の礼節に名主方へ罷り越したと記されている。はじめに、一〇人のおとな百姓が三月三日・五月五日の節供のための料足三〇〇文ずつを出した。その外、禰宜も供えを出し、また、修正田（修正会料田。毎年正月に修する法会）を預かっている者も供えとして良酒・瓶子一具を出した。これらの記述は、名主方に対し罷り越したと謙譲語を使っていることから、筆者はおとな百姓であると考えられる。また、禰宜はおとな

百姓に続いて供えを出していることから、おとな百姓から順番で選ばれた神主であったろう。(101) そして、修正田という荘園領主の直属田（一色田・散田）を請作していたのが散田作人（小百姓）であった。年頭の儀礼として三箇日明けの正月四日には領主の館に地下のおとな百姓が祝いに訪れ、銭を差し出す代わりに、酒食を振る舞われる年中行事があったことが知られているが、(102) ここでは役所に出仕していた名主方に村民が挨拶をしたと考えられる。

しかし、こうした名主へ三月・五月の節供の銭を出すことに対して、おとな百姓から不満の声が上がった。すなわち、祭祀用のための銭を名主に差し出すということは、先述のように、名主が村の祭祀権を握り宮座の座格を独占して、その他のおとな百姓や小百姓を寄子としていたことから生じたものであった。これまで神事において従属的な扱いを受けてきたおとな百姓が不満を述べ対等な関係を要求したのであるが、このことを「ヲトナ共令二難渋一了」と記したのであった。しかしながら、この日記は名主方が筆記し管理してきた村の運営に関わる重要な文書であったが、このことをわざわざ日記に裏書きしたということは名主たちがこの主張と自らの責任を認めたということになる。これまで名主中心で進めてきた村の運営も、祭祀での身分格差を指摘され変化を迫られていた。

これまで述べてきたところをまとめてみたい。まず元徳二年（一三三〇）・元弘元年（一三三一）に行われた検注と検注取帳読合にかかった費用・物品は村内農民に賦課された。村内の検注作業では名主方の役割が大きく帳紙を支給され検注帳の作成とその後の保管の責任も負っていたと考えられる。そして、村内の池代（除田、下作人が耕作）の管理は従来地頭が握っていたが、検注を機に村役所は地頭への上納銭を留め、以後村役所に納入させ池の管理を行うことにした。また、村内の河川用水の堰料については、宮方・地頭方双方より村役所に下行されていたものを、宮方（矢幡）・地頭方（大賀）それぞれの代表であるおとな百姓に配分し作業させていた。このようなことから、村役所は地頭方だけではなく村全体の運営機関ともなっていた。以上のように名主は村役所の実務（祭祀・勧農・年貢）だけでなく宮座の祭祀権も握っていたが、このような名主を中心とした村秩序に対して、おとな百姓などから批判の声が噴出し村の秩序の変更も迫られるようになっていった。

村役所は地頭や宮方からの下行や「加徴米」の運用により、祭祀・灌漑の費用を村内のそれぞれの農民に配分していたがこれらの年貢納入と領主からの村役所への下行の関係を図にすれば次のようになろう。

図8　年貢と下行の相関関係　（太実線）読田　（破線）斗代　（ミシン線）下行・支給

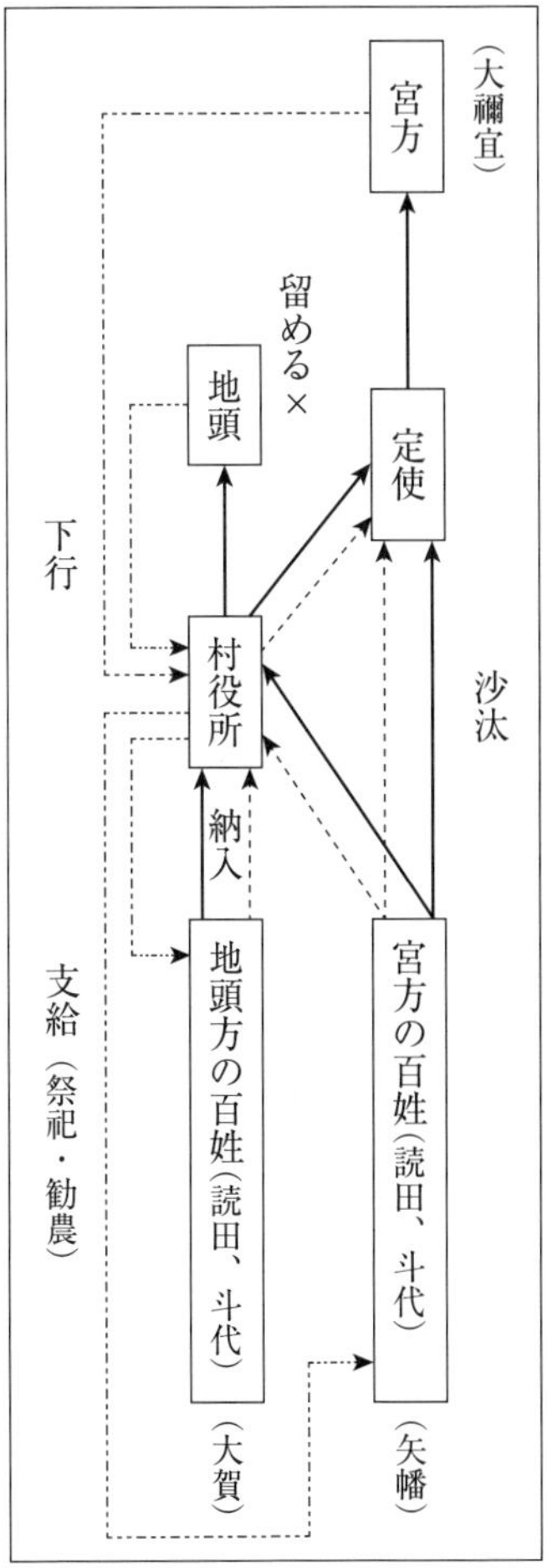

おわりに

これまで検討してきた「大賀村検注取帳副日記案」は、大賀村の役所で「筆祝」（筆料）を支給され実務を担当した名主によって書かれ、検注の実務、年貢収納・上納や下行物の配分、祭祀・灌漑の取り扱いなどを記録した村の規約としての性格を持っていた。しかしこうした性格からか、地頭の経営する佃など直営田への百姓夫役などについてはまったく触れられていない。かつていわれた東国の「領主型村落」は在地領主の「居館」を中心とした経営であったといわれた。しかし、「居館」には、実際にはそのような機能はなかったことが明らかになっている。在地領主の直営田の外にも広大な田畠・山野があったのであり、在地領主の勧農行為があったとしてもそれは在地農民の村落結合(惣郷)により実質的に管理され用益されていたと考えられる。

名主層が握っていた村役所が年貢を徴収し宮方・地頭方へ上納する一方で、その一部を「加徴米」として留め領主より「下行」されたとして村内農民に祭祀・灌漑費用の配分を行っていた。こうした年貢収納の調整は領主と名主層との双務的な関係によって成り立っていたのであり、それが「惣郷例」として承認されていた。こうした実態を前提としているからこそ、「庭訓往来」三月の手紙に見られるように、領主の替わり目ごとに村の代表と交わされた「吉書始め」三か条(祭祀・勧農・貢納)の誓約が広く執り行われたと考えられる。ここでは、領主の側からの文書だけでは見られない村の中の農民の動向を「大賀村検注取帳副日記」を通して見たわけであるが、中世東国村落に関する史料は少ないながらも、角度を変えれば新たな光が当てられることもあるのではなかろうか。今後とも新たな史料の発掘を行い中世村落の実態解明に努めてゆきたいと考えている。

註

(1) 小山靖憲『中世村落と荘園絵図』(東京大学出版会、一九八八年、二六〜四七・一二一〜一四五頁)。
(2) 海津一朗「東国・九州の郷と村」(『日本村落史講座』第二巻、雄山閣出版、一九九〇年、二二八〜二三八頁)。

（3）鈴木哲雄「中世東国の百姓申状―称名寺所蔵『万福寺百姓等申状』考―」（佐藤和彦編『中世の内乱と社会』東京堂出版、二〇〇七年、二四四～二五四頁）。
（4）『茨城県史料』中世編Ⅰ（鹿島神宮文書三九六号、塙不二丸氏所蔵文書五八号、二四一・三一二頁）。
（5）『新編常陸国誌』上巻（一九七四年復刻版、崙書房、二四五・八一七頁）。
（6）『角川日本地名大辞典』8茨城県（角川書店、一九八三年、一七二・一七三頁）、『茨城県の地名』（平凡社、一九八二年、四二七頁）。
（7）『茨城県史料』古代編（茨城県、一九六八年、三四七頁）、『風土記』一（講談社学術文庫、一九七九年、九六頁）。
（8）前註（6）『角川日本地名大辞典』8茨城県（二一五頁）。
（9）『茨城県史料』古代編（七七頁）。
（10）『諸本集成和名類聚抄』本文篇（臨川書店、一九六八年、六二七頁）。
（11）『千葉県史料』中世篇香取文書（旧大禰宜文書一二九号、千葉県、一九五八年、一一三頁）。
（12）前註（6）『茨城県の地名』（四一七頁）。
（13）前註（5）『新編常陸国誌』上巻（八一四・八一七頁）。
（14）嘉元四年常陸国大田文案写（『真壁町史料』中世編Ⅰ、真壁町、二〇〇五年、一九三頁）。
（15）『国史大辞典』3（吉川弘文館、一九八三年、四八六頁）。
（16）『茨城県史料』中世編Ⅰ（塙不二丸氏所蔵文書二四号、三〇二頁）。
（17）『茨城県史料』中世編Ⅰ（四六村地頭沙弥西念等重陳状、二九九頁）。
（18）堤禎子「常陸国」（『講座日本荘園史』5、吉川弘文館、一九八九年、一四一頁）。

(19)『茨城県史料』中世編Ⅰ(塙不二丸氏所蔵文書二一号、二九八頁)。ここでいう相賀郷地頭平氏とは常陸平氏の行方氏のことであろう。
(20)建久二年十一月摂政前太政大臣家九条兼実政所下文(『茨城県史料』中世編Ⅰ、鹿島神宮文書一二二号、一六七頁)。
(21)『茨城県史料』中世編Ⅰ(塙不二丸氏所蔵文書二一号、二九八・二九九頁)。
(22)『茨城県史料』中世編Ⅰ(塙不二丸氏所蔵文書二四号、三〇二頁)。
(23)『茨城県史料』中世編Ⅰ(塙不二丸氏所蔵文書二四号、三〇二頁)。
(24)『茨城県史料』中世編Ⅰ(塙不二丸所蔵文書二四号、三〇二頁)。
(25)『茨城県史料』中世編Ⅰ(鹿島神宮文書三九六号、二四一頁)。
(26)『茨城県史料』中世編Ⅰ(塙不二丸氏所蔵文書一三号、二九六頁)。
(27)『茨城県史料』中世編Ⅰ(塙不二丸氏所蔵文書二四号、三〇二頁)。
(28)『茨城県史料』中世編Ⅰ(鹿島神宮文書三四〇号、二三二頁)。
(29)『茨城県史料』中世編Ⅰ(塙不二丸氏所蔵文書二四号、三〇二頁)。
(30)清水亮『鎌倉幕府御家人制の政治史的研究』(校倉書房、二〇〇七年、八六頁)。
(31)塩涌新右近入道注文(『金沢文庫古文書』所務文書篇、五三〇〇号、金沢文庫、一九五五年、七八頁)。
(32)『国史大系三三巻　吾妻鏡』後篇(吉川弘文館、一九三三年、六八八頁)。
(33)「安達泰盛乱聞書」(『神奈川県史』資料編2、古代中世2、一〇一八号、神奈川県、一九七三年、一四二頁)。
(34)『茨城県史料』中世編Ⅰ(鹿島神宮文書三九六号、塙不二丸氏所蔵文書五八号、二四一・三一二頁)。
(35)網野善彦『蒙古襲来』下(小学館、一九九二年、一二頁)。

(36)『茨城県史料』中世編Ⅰ(鹿島神宮文書三九八号、二四二頁)。
(37)『茨城県史料』中世編Ⅰ(塙不二丸氏所蔵文書一三号、二九六頁)。
(38)『茨城県史料』中世編Ⅰ(塙不二丸氏所蔵文書二〇号、二九八頁)。
(39)『茨城県史料』中世編Ⅰ(鹿島神宮文書三六二号、二三七頁)。
(40)『茨城県史料』中世編Ⅰ(鹿島神宮文書三四二号、二三三頁)。
(41)『茨城県史料』中世編Ⅰ(塙不二丸氏所蔵文書七七号、三一六頁)。
(42)『潮来町史』(潮来町、一九九六年、二六一頁)、前註(6)『茨城県の地名』(四二六頁)。
(43)前註(42)『潮来町史』(二五四頁)。
(44)『茨城県史料』中世編Ⅰ(鹿島神宮文書一二二号、一六七頁)。
(45)常陸大掾系図(『群書系図部集』第四、続群書類従完成会、一九八五年、四五頁)。
(46)『茨城県史料』中世編Ⅰ(塙不二丸氏所蔵文書二四号、三〇二頁)。
(47)『茨城県史料』中世編Ⅰ(鹿島神宮文書一〇一号、一五九頁)。
(48)『茨城県立歴史館史料叢書11　鹿島神宮文書Ⅰ』(茨城県立歴史館、二〇〇八年)。
(49)富澤清人『中世荘園と検注』(吉川弘文館、一九九六年、一一頁)。「大賀村検注取帳副日記案」では丈量の単位について「六〇歩とは足数六〇也」という部分を間接的に引用している。
(50)前註(42)『潮来町史』(二一〇・二一一頁)。
(51)水谷類『中世の神社と祭り』(岩田書院、二〇一〇年、五六~五九頁)。
(52)『茨城県史料』中世編Ⅰ(鹿島神宮文書一〇一号、一五九頁)。

(53)『日本国語大辞典』7(小学館、一九七二年、二七頁)。
(54)元徳三年八月二十四日吉田社領雑掌祐真和与状写(『茨城県史料』中世編Ⅱ、吉田薬王院文書一二号、二八四頁)。
(55)『中世法制史料集』第六巻(岩波書店、二〇〇五年、四七三頁)。
(56)『神奈川県史』資料編2(一一三三号、一九四頁)。
(57)『神奈川県史』資料編2(一一五二号、二〇七頁)。
(58)『神奈川県史』資料編2(一七六九号、四六八頁)。
(59)『神奈川県史』資料編2(二三三六号、六七九頁)。
(60)『神奈川県史』資料編2(二九五〇号、九五三頁)。
(61)『神奈川県史』資料編2(二二四八号、六二八頁)。
(62)『神奈川県史』資料編2(二四三五号、七四四・七四五頁)。
(63)『神奈川県史』資料編2(二二九八号、六五八頁)。
(64)『日本国語大辞典』9(一二三四頁)。
(65)『神奈川県史』資料編2(二四二六号、七三九頁)。
(66)『日本国語大辞典』3(七七一頁)、『中世法制史料集』第一巻(六五頁)。
(67)加賀国軽海郷算用状(『神奈川県史』資料編2、二九五〇号、九五三頁)。
(68)「寛永八年大賀村御水帳」(『潮来町史料』近世編、一九九四年、潮来町教育委員会、二二一〜四〇頁)。
(69)「寛永十二年水戸領郷高帳先高」(『茨城県史料』近世政治編Ⅰ、茨城県、一九七〇年、三〇四頁)。
(70)前註(68)「寛永八年大賀村御水帳」(二二一〜四〇頁)。

(71)　石井進『日本の歴史12　中世武士団』(小学館、一九七四年、一七九頁)。
(72)　『荘園史用語辞典』(東京堂出版、一九九七年、七六頁)。
(73)　『日本国語大辞典』19(四四三五頁)。
(74)　『茨城県史料』中世編Ⅰ(常陸国惣社宮文書二一号、三九四頁)。
(75)　『茨城県史料』中世編Ⅰ(常陸国惣社宮文書二八号、三九六頁)。
(76)　『茨城県史料』中世編Ⅰ(鹿島神宮文書二九五号、二一六頁)。
(77)　『国史大辞典』13(二四二頁)、『荘園史用語辞典』(二〇三頁)。
(78)　円覚寺米銭納下帳(前註(33)『神奈川県史』資料編2、九六〇号〈円覚寺文書〉、一一一頁)、大山喬平「絹と綿の荘園」(『日本中世農村史の研究』岩波書店、一九七八年、三三一頁、初出は一九六五年)。
(79)　田代脩「中世東国における農民闘争とその基盤―鶴岡八幡宮領武蔵国佐々目郷を中心に―」(『豊田武博士古希記念日本中世の政治と文化』(吉川弘文館、一九八〇年、二七八～二八一頁)。
(80)　『日本国語大辞典』8(八八五頁)。
(81)　『日本国語大辞典』6(六五〇頁)。
(82)　豊田武『武士団と村落』(吉川弘文館、一九六三年、一一七～一三二頁)、薗部寿樹「中世村落における宮座頭役と身分」(『日本史研究』三二五、一九八九年)。
(83)　大賀村浅間神社は承応年間(一六五二～一六五五)に駿河国冨士神社より勧請されたといわれる(同神社碑文)。山上には冨士浅間神社の他、稲荷神社・三峰神社・多賀神社・金比羅神社・八坂神社・山の神神社などの境内社がある。また、登山口には籠堂がある。おそらく勧請以前の神社はこの境内社の中にあると思われる。

(84) 前註(6)『茨城県の地名』(四一五頁)。
(85) 『茨城県史料』中世編Ⅰ(常陸国惣社宮文書三〇号、三九七頁)。
(86) 『金沢文庫古文書』所務文書篇(五三九三号、一三八頁)。
(87) 『大山村史』史料編、六二号文書(東寺文書や―十三、五九頁)。
(88) 藤木久志『戦国の作法』(平凡社、一九八七年、二〇五・二〇六頁)。
(89) 『小学館国語大辞典』(縮約版、一九八一年、一四六五頁)、永原慶二『荘園』(吉川弘文館、一九九八年、一六六頁)。
(90) 『日本国語大辞典』10(九六四頁)。
(91) 『鎌倉遺文』第一〇巻(七〇一五文書、三三一頁)、前註(49)富澤清人『中世荘園と検注』(九四頁)。
(92) 前註(49)富澤清人『中世荘園と検注』(一九頁)。
(93) 石川松太郎校注『庭訓往来』(平凡社、一九七三年、五五〜八〇頁)、中野豈任『祝儀・吉書・呪符』(吉川弘文館、一九八八年、一五一頁)、藤木久志『戦国の村を行く』(朝日新聞社、一九九七年、一六一頁)。
(94) 田中克行『中世の惣村と文書』(山川出版社、一九九八年、一八九頁)。
(95) 『茨城県史料』中世編Ⅱ(吉田神社文書二三・六〇号、二五八・二六八頁)。
(96) 陸地測量部地図、二万分の一、明治十八年測量、国土地理院所蔵。平川南「東国の村」(『日本村落史講座』第二巻、雄山閣出版、一二四頁)によれば、古代の常陸国行方郡では谷水を堤で堰き止めて開発を進め谷口の斜面に住まいを広げていったが、これが古代東国の村落形態を規定したという。
(97) 享徳三年十月十六日丹波国大山荘西田井内検帳(『大日本古文書』東寺文書之二、に―二四八号、『大山村史』史料編、四七二号、塙書房、一九六四年、三四三頁)、大山喬平「中世村落における灌漑と銭貨の流通」(『日本中世農村史の研究』（岩波書店、一九七八年、三一五頁、初出は一九六一年）。
(98) 西谷地晴美「村落構造とその矛盾」（『日本村落史講座』第四巻、雄山閣出版、一九九一年、二四三頁）。
(99) 元徳三年三月二十七日長岡宣政売券案（『真壁町史』中世編Ⅱ（真壁長岡古宇田文書五号、真壁町、三七頁）。
(100) 佐藤進一『新版古文書学入門』（法政大学出版局、一九九七年、一三九頁）。
(101) 真野純子『宮座祭祀儀礼論』（岩田書院、二〇一〇年、二二頁）。
(102) 前註(93)藤木久志『戦国の村を行く』（一三五頁）。

第四章　常陸国信太荘の在地支配と惣荘的結合
――中世前・後期を通じた荘園的枠組みの存続――

はじめに

常陸国信太荘については、これまで網野善彦・山本隆志氏をはじめとして、立荘、伝領、在地領主、宿とおとな、水運など、さまざまな角度から研究がなされてきたが、近年では湯浅治久氏により、「都市的な場」としての浦渡宿やおとな衆の活動について見直しがなされ、また常総内海論として津の機能や富有人との関係などが注目されている(1)。しかし、この荘園の問題点は、中世前期には長く不知行状態が続き在地支配や在地構造が十分明らかになっていない上、中世後期には武家支配に変わったにもかかわらず荘園的秩序が崩壊しないのはなぜかということが解明されていないことである(2)。

これについて近年では、荘郷鎮守と郷村結合の関係を重視する地域社会論や、荘園公領制の下での侍層も含めた郷村社会のあり方を追究する室町期荘園論の観点から、議論がなされているが(3)、本章では、①領主支配はどのように変化したのか、②在地社会はどのような実体であるのか、③なぜ荘園的秩序は中世を通じて存続したのか、について考えてゆくこととしたい。

一　平安・鎌倉期信太荘の相伝と在地支配

1　信太荘の成立と常陸平氏の在地支配

信太荘は平安後期から室町期にかけて、常陸南部の東と北を霞ヶ浦、南を小野川・乙戸川に挟まれた台地に存在した荘園であった（現在の稲敷市、稲敷郡美浦村、同郡阿見町、および土浦市・牛久市の一部）。その成立は、仁平元年（一一五一）に、平忠盛の妻で平頼盛（常陸介）の母である藤原宗子が信太郡西方を美福門院に寄進して立荘されたことによる。[4] それ以前は常陸唯一の官牧信太牧で、国司が管掌し牧長（外六位以上の者）が支配したが、平安後期には代々国司は平家が務めることが多く、その管理も在庁官人で常陸平氏の多気氏（平維幹は従五位下）に任され、次第に平家の私領と化し相伝されるようになったと考えられる。[5] 藤原宗子は白河上皇の近臣修理大夫藤原宗兼を父とし、保延六年（一一四〇）崇徳天皇の皇子重仁親王の乳母となっていた。[6] 忠盛と頼盛は、久安五年（一一四九）十月二日の美福門院殿上始めに参列するなど、美福門院との関係が深かった。[7] 美福門院は鳥羽天皇の皇后で、鳥羽法皇を説いて我が子の近衛天皇を即位させ、天皇の死後は重仁皇子を退け後白河天皇を即位させ保元の乱の原因をつくったとも言われる。

2　信太荘の田数

信太荘の田数・年貢については、貞応二年（一二二三）・建治二年（一二七六）の安嘉門院庁資忠（安倍）注進抄に記されている。[8] これによれば、信太荘（郡か）は六六郷であったが、そのうち一一郷が□（東）方であった。惣公田は八二六町であり、（信太荘の）年貢は国八丈絹三〇〇疋で、仕丁六人であった。しかし、弘安二年（一二七九）常陸作田惣勘文では、信太東二七〇町二反大、信太荘六二〇町内となっていたが、嘉元四年（一三〇六）常州田文では、信太東二〇七町二反大、信太荘六二〇町内本庄四一〇町、加納二一〇町となっている。信太東の数が違っているが、これは惣田数八二六町から信太荘分六二〇町を引くと二〇六町となるので、それに近い二〇七町二反大が正しいと考えられる。

整理すれば先の八二六町は信太郡の惣公田の面積で、そこから信太郡東方二〇七町二反大を除き、西方六二〇町が信太荘として立荘されたのであった。さらに、その内訳は、本荘四一〇町、加納二一〇町となっており、この立荘がまず本荘四一〇町を中心になされ、その後周辺の公田二一〇町を加納として取り込んでいったものであろう。郷数は信太郡が六六か郷であったが、東方が一一か郷であったため、残りの五五か郷が信太荘の郷となる。加納田は後に信太郡東方も含め東条荘として立荘されて行く(9)。

3　信太荘の相伝と信太義広の支配

信太荘の本家職は、保元・平治の乱後の永暦元年（一一六〇）に美福門院が亡くなると娘の八条院暲子が跡を受け継いだ。領家職は藤原宗子（池禅尼）からその子平頼盛に譲られ、その所領群は池大納言家領と称された(10)。一方、源三郎先生義憲（源為義の三男、義範・義章ともいう）は平治の乱では源義朝に属していたが、敗北後、都を脱出し信太荘浮島に移住した(11)。義憲は八条院を准母とする二条天皇の蔵人（二条院蔵人）であり(12)、信太荘本家の八条院を通じて平家に帰順したものと考えられる。同じく上総介広常も義朝に従い敗走の途中で離脱し、上総に帰り平家に下っている。その後、義憲は源頼政の反平家挙兵以前に信太三郎義教（のち義広）と名乗っており(13)、本家八条院の支配を担い、在地の下司職（常陸平氏）との間に立つ預所を務めていたと考えられる(14)。

図1　平安時代の信太荘の支配

本家		領家		預所		下司
八条院	——	藤原宗子	——	信太義広	——	常陸平氏

平頼盛は、源平合戦では寿永二年（一一八三）の木曽義仲の入京にあたって、平家の都落ちに加わらず八条院邸に入った後、鎌倉の頼朝を頼りその保護を受けた。[15] 寿永三年三月、頼朝は義仲を討つと後白河法皇から、先に木曽義仲に与えられていた平家没官領五〇〇か所と武蔵・相模以下東国の所領を譲られた。[16] しかし、頼朝は命を助けてくれた池禅尼の恩に報いるため、四月五日に平家没官注文に載せられた荘園三三か所、同年四月二十二日に一か所を頼盛に返還したが、[17] 信太荘はその中に含まれていないので保留になっていたと考えられる。その後、元暦二年（一一八五）三月、源義経により壇の浦で平家が滅亡すると、同年六月五日、頼朝は帰京した平頼盛に書状を送り、次のように述べている。

〔史料1〕元暦元年源頼朝書状案（『久我家文書』第一巻、二八—六、三四頁）

平さい相のもとへ申候、（中略）したのそうの事、きうをまいらせかへ候て、みなみのゝそうは、御さた候はんこと、なにかはくるしく候へき、地ぬしはかりこそ、人にたふ事にて候へ、世の中をちゐ候はむのち、さまたけいまは候へからす

ここで、頼朝は頼盛の子女の安泰を約し、信太荘と替えて、南野荘はいずれ沙汰するが、（信太荘の）地主職（開発領主・地頭）だけは他人に与えるが、世の中が落ち着いた今は知行の妨げもないであろう、と述べている。しかし、信太荘に替えられるはずの南野荘の領家職も池大納言家領にはならず、信太荘領家職は金剛寺（河内国）に与えられた。[18]

4　八田知家の地頭支配

寿永二年（一一八三）二月には、常陸で信太義広の乱が起こったが、小山朝政・結城朝光・八田知家らのため敗れ、「三郎先生に同意の輩の所領等、悉く以て収公せらる。朝政《（小山）》・朝光《（結城）》等恩賞に預かる」(19)の一つとして、信太義広の本拠地信太荘も収公されたと考えられる。文治四年（一一八八）五月二十日に、八田知家の郎従庄司太郎が禁裏夜行番を懈怠し召還されたが、この庄司太郎は、「菅谷氏系図」に見える紀氏系信太庄司貞頼の子の庄司太郎頼康のことと思われる(20)。さらに『曽我物語』によれば、建久四年（一一九三）の富士の巻狩に常陸国から志太という武士が参加していたが、これも信太荘を本拠としていた紀頼康を指すと考えられる。とすれば、先の頼朝書状にある地主＝地頭職は八田知家に与えられ(21)、その郎従である紀頼康が信太荘の荘官を務めたものと考えられる。

図2　鎌倉時代の信太荘の支配

金剛寺　　八田知家　　荘司太郎（紀頼康）
領家――――地頭――――荘官

では、この頃の信太荘の支配はどうなっていたのであろうか。文治四年六月、信太荘を含む八条院領の知行について朝廷側の報告では「所々地頭沙汰之間事、注㆓条々㆒、令㆑付㆓帥中納言経房㆒給之処、御返報今日到着、（中略）件庄領年貢、或先々注遣、或本文書紛失、平家時分、令㆑致㆓自由沙汰㆒事も候き、又不㆑知㆓庄大小㆒、増進事も候き、子細庄家皆存知歟、委捜可㆑令㆓計沙汰㆒(22)」とあり、地頭の沙汰について、本家側では年貢を催促してもその実態は摑んでいず、平家時代には自由の沙汰もあり、不知行状態となっていたとされたが、これは信太荘も同様であったと言えよう。

5　東寺の領有回復運動と北条得宗一族の地頭支配

(1)東寺の領有回復運動

本家である八条院領としての信太荘は、八条院の没後、後鳥羽上皇の管轄下に入ったが、承久の乱で幕府に没収され、後高倉院領となり、貞応二年(一二二三)に安嘉門院に譲られた。ついで、亀山上皇・後宇多上皇の手に入り複数の皇族の伝領を経て、文保二年(一三一八)正月二十四日に東寺に寄進された(23)。しかし、同荘は不知行となっていたため、同年六月十九日に再び「東寺領常陸国信太庄致二興行之沙汰一、可下令レ然二知行一給上候」という院宣が出され(24)、さらに正中三年(一三二六)三月十八日の太政官牒でも、東寺の興隆と信太荘など寺領の安定が願われている(25)。

そこで、東寺は、はじめに信太荘の雑掌として勝慶を任命し所領の回復を幕府に働きかけたが、思わしい成果を上げることはできず、信太荘の各地頭の未進分は、正中元年から嘉暦三年(一三二八)に及んでいた(26)。ついで東寺は嘉暦三年二月二十一日に新たに定祐を雑掌に任命した。その請文では、「御年貢事、地頭等年々所二相積一之年貢、前雑掌令二納取一分、雖下不二存知一候上」と地頭の未進が重なり、前雑掌がいくら取り納めたのかもわからないと述べている(27)。実際に、定祐が未進をしている地頭を相手取って幕府に訴訟を行ってみると、嘉暦四年三月二十八日の散位政宗請文では「抑如二定祐訴状一者、正中二年以来抑二留年貢一云々、此条於二年貢一者、毎年所レ致レ弁也、就レ中、自二正中二年一至二去々年嘉暦二年一、先雑掌勝慶出二請取一了」として、年貢は雑掌勝慶に納め請取も出されていると述べているが(28)、他の地頭も一様に年貢は納めており未進は一部である、と申し立てていた。

(2)北条得宗一族の地頭支配

信太荘におけるこれらの地頭は、近江式部大夫政平・散位政宗・近江兵庫助政親・駿河式部大夫高長など、すべて姓がなく受領名・官名が先頭に来ている。これについて石井進氏は、「正宗寺本北条系図」に政近・式部大夫高長などの名があることから、北条義時の弟重時次男の政村流北条氏一族であり、政平は政村の孫、高長・政宗はその曽孫に当たるとした(29)。これらの地頭は政村流北条氏一族で固められていたが、この他土佐前司殿跡は三郎殿分・珠鶴殿分・式部大夫殿分・蔵人殿分に分割され、また地頭代良円に預けられている郷に惣領分・庶子分とあるように、惣領制の分割相続により数か郷を分有していた。

それでは、これらの年貢は誰に対してどのようにして納めたのであろうか。地頭代沙弥宏元の提出した元徳元年（一三二九）十二月四日の結解状によれば、上条内弘の戸・土浦・小池の三か郷からの年貢を、正中二年（一三二五）から嘉暦三年（一三二八）までの四か年間「惣領代幸西」に納めていたというが、この惣領とは惣領地頭のことで、その惣領代が在地で年貢収納を行っていた「惣管領之仁」に当たる(30)。その支配体系は次のように図化されるであろう。

図3　鎌倉期後半の信太荘の支配

東寺雑掌——惣領地頭——（惣管領之仁）惣領地頭代
それぞれ数か郷を支配
（上条弘戸）郷地頭——郷地頭代
（上条土浦）郷地頭——郷地頭代
（上条小池）郷地頭——郷地頭代

以上、信太荘は平安後期に平家—常陸平氏が私領化した信太牧を母体として、常陸介平頼盛の母藤原宗子が美福門院に寄進して立荘されたが、本家職は八条院から皇族へ伝領されたもののすでに不知行化しており、鎌倉末期に本家となった東寺も幕府に訴えて知行回復を図ろうとした。一方、平安後期に常陸平氏が下司に、鎌倉期前半に守護八田氏が地頭になったと考えられる。ついで、鎌倉期後半には北条得宗一族が地頭となり分割相続により支配を行ったが、その下での在地構造の実体は明らかではない。

二　南北朝期信太荘の支配と惣荘的結合

1　地頭職の変遷

元弘三年（一三三三）、鎌倉幕府が足利尊氏・新田義貞等の蜂起により倒壊し、後醍醐天皇による建武親政が始められたが、土地政策の失敗などにより武士層の反発を招き、尊氏の離反と南北朝の内乱を経て、東国は足利氏による鎌倉府の支配するところとなった。これにより信太荘の地頭職も鎌倉府に結集する有力武将に与えられた。東寺はなおも知行回復を目指していたが、延文元年（一三五六）を最後に、本家・領家による支配関係は失われた。しかし、その後も武家支配の下で信太荘としての枠組みは存続した。

信太荘の知行については、鎌倉府をめぐる権力闘争と大きく関わっている。

康永二年（一三四三）八月三日、上杉重能が悟性寺に「信太庄内長□□（国郷カ）」を寄進しており[31]、上杉氏が信太荘の上条を領有していたと見られる。重能は上杉憲房の養子で、鎌倉幕府打倒から建武政権期までは足利尊氏に属し、次いで弟直義の側近となった。しかし、尊氏の側近高師直と次第に対立し、貞和五年（一三四九）閏六月に師直を失脚させたが、同年八月師直の反撃に直義が屈したため越前に流され殺害された[32]。貞和三年十月、信太荘下条佐倉郷浦渡権現堂別当職が代々の証文により祐海に安堵された[33]。その安堵状の端裏書に「播州時代、給主小見野六郎」と記されているが[34]、この播州とは、後出する孝尊置文（史料2）によれば常陸の南朝勢を討伐した高師冬のことである。師冬は暦応二年（一三三九）関東の南朝方を敗北させた後、信太荘下条の知行を任されたと考えられる。しかし、観応元年（一三五〇）高師冬は観応の擾乱により直義派の上杉憲顕と対立することになった。このため同年十一月十二日に上杉能憲（憲顕の養子）が信太荘で挙兵すると、高師冬は鎌倉を没落し甲斐で自害した[35]。この中で上杉能憲が信太荘で挙兵したのは同荘上条を知行していたことによるものと考えられる。しかし、文和元年（一三五二）には尊氏が弟の直義を破ると上杉憲顕・能憲は失脚し、能憲は上条の知行も失った[36]。

高師冬自害後、信太荘下条は佐々木導誉（高氏）の知行となったが、文和四年八月四日には、足利尊氏より勲功の賞として信太荘下条の替地として近江国馬淵荘北方地頭職を与えられている[37]。ここで与えられたのは地頭職であるので、もとの信太荘下条も地頭職として知行していたことになろう。佐々木導誉が信太荘を手放した後は、守護の系譜を引く小田孝朝が信太荘上条・下条とも支配し、応安五年（一三七二）に信太荘上条の大村崇源寺に大檀那として名を残している[38]。また、応安七年には、小田孝朝は信太荘下条の古渡津、安中津を知行している[39]。

しかし、至徳二年（一三八五）十月二十五日に、鎌倉公方氏満は上杉憲方の申請により小田孝朝の信太荘上条の古来・矢作・中村郷を取り上げ、鎌倉の明月院に寄進した。嘉慶元年（一三八七）七月十九日には、小田孝朝が公方氏満に叛して難台山（笠間市）で挙兵したため、同年八月七日には、上杉憲定が信太荘布作郷を臼田勘解由左衛門尉に充て行い[40]、応永三年（一三九六）七月二十三日には、将軍足利義持が「去年」（一三九五）七月二十四日の安堵に任せて信太荘上条・下条を上杉憲定に沙汰し付けるよう命じている。

以上、これら南北朝期の信太荘支配の変遷を図化すれば、次のようになろう。

図4　南北朝時代の信太荘知行関係

信太荘
- 上条　上杉重能→上杉能憲→小田孝朝→上杉憲方→上杉憲定
- 下条　高　師冬→佐々木高氏→小田孝朝……→上杉憲定

2　信太荘の経済・宗教活動と浦渡宿

⑴信太荘の経済活動

信太荘は北と東が霞ヶ浦に面しており、「海夫注文」によれば古渡津《ふっと》(佐倉郷浦渡)、広戸の津(上条内広戸郷)、舟子の津(美浦村舟子)、安中の津(美浦村土浦、安中寺があった)が置かれていたが、(41)後述するように、これらの津には多くの商船が出入りし活発な交易が行われていた。

また、鎌倉府は永享七年(一四三五)に鹿島神宮社殿造営のため「富有人注文」を作成した。(42)この注文は郡荘ごとに、郷村・富有人・知行者の順に記されているが、信太荘の富有人の場合は、俗名三人、入道号三人、寺庵一人、房号二人、阿弥号一人と宗教者が多かった。これらの富有人は、木原郷が三人、広津村が二人、懸馬・塙・上室・土浦・高津郷が各一人であり、この内、木原郷は舟子の津、広津村は広戸の津(広戸の「戸」は出入口を指し、広津と同義で桜川の河口部を指すと考えられる)がもっとも近い津であった。

これらの郷の間には、上総神崎津から榎浦の流海を渡って幸田から信太古渡津・宿を通り、木原郷で湖岸沿いに西に曲がり、舟子津、懸馬郷を通り、高津郷で府中への鎌倉街道下道を横切り上室郷へと進む道が通っており、途中、信太荘鎮守の木原社(楯縫神社)、懸馬郷の隣り同荘鎮守竹来社(阿弥神社)を通過していた。こうした、水陸交通の要所で商業・金融活動を行っていた商人や僧侶、おとなが有徳人として成長して来たものと考えられる。(43)また、こうした場所に新たな宗教の拠点が作られるのも必然であった。浄土真宗の「親鸞門侶交名注文」によれば、親鸞の弟子教善により信太住の性信・教円・教智・道戒・法善・法寂・願仏・慶西らの教団が形成されていた。(44)

⑵佐倉郷浦渡宿の景観

信太荘下条佐倉郷浦渡(古渡)は現在の稲敷市信太古渡に当たる。信太荘の台地を南西から小野川が流れ、霞ヶ浦に注ぐ河口部が奥深い入江となっており、地形的には武蔵六浦の湊と同じくラグーン(潟湖)となっていた。その東岸が浦渡(信太古渡)で、西岸の東条古渡と相対しそれぞれ津が置かれていた(前者が古渡津、後者が福戸津)。浦渡には河口部に突き出た砂州上に宿が形成され、先述の街道が通っていたが、至徳三年(一三八六)には「当宿類火之難」に遭っており(45)、町場となっていたことが知られる。信太古渡には下宿・台宿・中宿・鎌倉河岸、東条古渡には田宿・上宿・下宿・鎌倉河岸の地名がある。

⑶浦渡宿住人の宗教活動

佐倉郷浦渡における宗教活動で早い例としては、正和三年(一三一四)に佐倉郷権現堂の僧祐海に免田二反・坊敷畠が寄進されている。この浦渡が浦渡宿として初めて史料上に見えるのは貞和四年(一三四八)のことで、有道盛胤より無縁談所の宗覚御房に対して浦渡宿の草切年貢一貫六〇〇文が寄進されている。草切りは草分けともいい田畑を開墾した者という意味があり(46)、宿の周辺では開墾が進められていたのであろう。無縁は世俗の権力が及ばないことであるが、談所(談義所)は僧侶の学問所・養成所で、能化と呼ばれる教師・教授格の指導者と、所化と呼ばれる生徒で構成されていた(47)。

観応三年(一三五二)には、紀親常が佐倉郷能化所に「有志旨」により四反の田地を寄進している。紀親常は下条の代官と見られるが、この「有志」とは、後述する宿内のおとな衆が檀那となってこれらの寺院を支えていたことをいう。このように佐倉郷では、おとな衆の檀那化や、代官・給主などの田地寄進により、権現堂・無縁談所・能化所などが営まれ、人々の信仰を集めていた。

3　高師冬の支配―代官と宿住人の動向

さて浦渡宿の住人の動向を知るものとして、次の応安六年（一三七三）の円密院（天台宗、現稲敷市古渡）の孝尊置文がある。

〔史料2〕孝尊置文(A)（『茨城県史料』中世編I、円密院文書一三号、四三八頁）　＊後掲史料4に続く

并円密院免之内浜田弐段事
右此毘沙門者、高播磨守《（師冬）》信太庄下□□知行之時、衛門《（左脱）》入道と申ける内の者を□□《（浦渡カ）》宿の代官ニ閣ル、然ニ此入道、末代の思出ニと□《（てカ）》、此本尊を我長ニ奉レ造、浮免の田三段、主の播州の判をとり、奉寄進、其時当宿ニ大夫と云法師、衛門入道ノ仰書にて有けり、大夫子息二人あり、兄をは幸福、弟おは虎松と申き、此毘沙門堂免おは、幸福ニ主付、かゝりける処ニ、実名什覚と申ける能化分の人、当所へ越へ談義ありける間、宿中のおとな、思々ニ檀那ニ成ける時、件衛門入道も蒲縄の弐段田を能化ニ寄進、又別儀ニ祈禱の為とて、浜田弐段、是も主の判をとり、能化ニ寄進、然間談義所免合四段也（後略）

これによれば、高師冬は下条知行の時に「衛門入道と申ける内の者を□□《（浦渡カ）》宿の代官ニ閣《さしおか》ル」ということで、浦渡宿に家臣の衛門入道を代官として置いた。ここで代官は末代の思い出にと毘沙門堂の本尊を造り、浮免の田三反を高師冬の判物を受けて寄進した。この代官の下で「仰書」（右筆、書記）を行っていた「当宿ニ大夫と云法師」が長男の幸福にこの毘沙門堂免を主付けしたところ、什覚という能化が来て談義をしている間に「宿中のおとな」が思い思いに檀那となった。そして、代官も蒲縄の二反田を、また祈禱のため浜田二反を能化に寄進したところ、談義所の免田は四反になったというものであった。

このように浦渡宿には、おとな衆という指導層が形成されていたが、その一部は代官の実務の一部を担い、寺院の経営にも関わっていた。古渡に別個に代官が置かれていたのは、この津の物流・通行上の重要性によろう。また、先出の貞和三年十月日浦渡郷権現堂別当職補任状案の端裏書「播州時代、給主小見野六郎」にある給主とは、信太荘下条における高師冬の代官であったと考えられる。小見野氏は武蔵国比企郡を本貫の地とする有道姓児玉党の一族で、前出の有道守胤と小見野六郎は同一人であると見られている(48)。

図5　高師冬知行時の支配関係

高師冬（地頭）
　├（下条給主）小見野六郎
　└（浦渡宿代官）衛門入道――（仰書、宿住人）大夫法師――おとな

4　佐々木導誉の支配―代官と宿住人の動向

さらに、観応三年（一三五二）には紀親経（近常）によって、浦渡宿能化所に浜田二反・腰巻田一反・蒲縄了心房内一反の合計四反が寄進されたが、これは先述の能化への寄進四反と同じなので代替りに伴う安堵状であろう。

〔史料3〕観応三年四月八日紀親経寄進状（『茨城県史料』中世編Ⅰ、円密院文書五号、四三四頁）

（端裏書）「寄進状案文」

奉寄進

常陸国信太庄下条佐倉郷浦渡宿能化所職事

合田四段浜田二段・腰巻田一段・蒲縄了心房内一段

右、依二有志旨一、所二宛行一之也、仍任下被二仰下一旨上、寄進状如レ件

観応三年壬辰卯月八日　　記(紀)親経在判

この寄進状は、「有志」の旨によりこれらの土地を能化所に充て行うことを、領主の「仰下」＝認可を受けて出されたものであるが、この有志とは、前述と同じく浦渡宿のおとな衆であろう。そして、仰せ下した人物はこの場合は、観応二年（一三五一）に高師冬が敗死した後、新たな地頭となった佐々木導誉（高氏）となろう。紀親経（近常）はその代官に当たるが、紀氏は先述のように、信太庄司紀八郎貞頼、その子庄司太郎頼康と続き、後世信太氏となったとされる(49)。これから考えれば、紀親経は信太荘の荘官の系譜を引く在地領主であったろう。これまでの流れを図化すると次のようになる。

図6　佐々木導誉知行時の寄進関係

5　小田氏の支配――「公方」と信太荘下条祈禱衆

信太荘下条は高師冬の後、佐々木導誉の支配を経て応安五年（一三七二）には小田孝朝の支配となっていた。翌年、下条佐倉郷で円密院と毘沙門堂の譲状・置文が作られたが、その免田の安堵について次のように記されている。

〔史料4〕　孝尊置文（B）（『茨城県史料』中世編Ⅰ、円密院文書二一号、四三八頁）　＊史料2の続き

（前略）かかりける処ニ、小田殿(孝朝)代となりて、当庄の供僧同心ニ、坊職安堵の判形とらん為ニ、応安七年中小田へ

上られける時、亀谷の什慶、小田にて毘沙門堂免ハ五段と云事を云出されける間、良尊至極の論ありし時、其義ならハ文書を披見あるへき由、公方より仰られける時、良尊兼て申さるゝ様、毘沙門堂免ハ、本田三段にて候を、愚僧のもちて候浜田と申ス弐段を、いわれもなく後日の沙汰ニなしてとらんとて、毘沙門免田三段の三文字を五文字ニなをして候由、兼て承て候間、五文字の墨色別なるへく候由、申されける時、文書披見あれハ、案のことく墨色別なりとて、什慶面目失ハる、其時於向後、此浜田の沙汰あるへからすと云押書を、什慶せらる、応安七（六カ）年と云下ニ、什慶判とかゝれたる押書あり、当寺の文書ニそゑて置たる也

すなわち、小田殿（小田孝朝）の代に、当荘の供僧等は同心して坊職安堵の判形を取るために応安七年（一三七四）に小田へ上った。そこで什慶と良尊が毘沙門堂の免田をめぐり相論となり、什慶はこの免田は五反だと言ったので、良尊が反論したところ「公方」からそれならば文書を披見させよと仰せられたという。そこで、良尊はそれは三反で自分の持つ浜田二反を後で取ろうとして三反を五反に書き直したと言って文書を見せたが、墨色が違っていたので什慶が敗北し、今後は浜田のことは言い出さないという押書を書かせたという。

ここで「公方」が登場するのは、相論の場で証拠となる文書の提示を求めた時である。これが領主小田氏そのものを指すかというと必ずしもそうではない。嘉慶元年（一三八七）にも下条祈禱衆頭覚祐らは、焼失した文書について「公方御尋時者、下条内衆徒支証立申候」と「公方」による尋問に備えて証文を作成している[50]。この時の領主は小田氏ではなく上杉憲定であった。一般的に、領主の裁判では奉行が担当し、そこで裁定されたものを取次を通じて領主に上げ、領主はそれに花押を記して下し、判物として発給される。すなわち、ここでいう「公方」は領主裁判の主宰者のことであり、山本隆志氏は「公方」を小田氏が裁許主体であることに求め、供僧の要求に応じて文書により安堵することであるとしている[51]。

この時期、公方とは将軍と鎌倉御所を指すが、広い意味では将軍・幕府・天皇・朝廷・守護・荘園領主などを私的なものと区別していう。[52]このように、小田氏を私的な存在ではなく公的な存在として認識した時に「公方」と呼ぶのである。これには、市村高男氏のいうように、小田氏が文和以降急速に旧領を回復、新所領を獲得し、応安から至徳頃には最盛期を迎え、小山義政の乱鎮定での戦功により東国大名を代表する存在となっていったことも背景にある。[53]

しかしながら、一方で領主を「公方」＝裁許主体として認識する側のことも問題にせざるを得ない。先のように、供僧たちが同心して小田へ上り坊職の安堵を求めたのであるが、ここでの供僧たちの同心による行動は、「下条祈禱衆」という寺社組織によるものである。この寺社祈禱衆内部の紛争について日常的には内部の談合で処理されるものであったが、それでも決着が付かない場合は公的な場での裁定が必要となってくる。それが「公方」の機能であるが、それを求める側の下条祈禱衆には、「同心」という一揆的な関係が作られていた。

それについてはさらに考えてみたい。至徳三年（一三八六）二月二十五日には浦渡宿で火災があったが、談義所・能化所を引き継いだ円密院も類焼し代々の文書が焼失した。そのため、翌嘉慶元年（一三八七）下条内祈禱衆頭権律師覚祐・阿闍梨祐親が文書が焼失したことについて「公方御尋時者、下条内衆徒支証立申候」と「公方」による尋問に備えて次のような衆徒一同の保証による証文を作成している。この時の領主は先述のように上条は没収されたが、下条は小田孝朝のままであったと考えられる。[54]この証文は後の応永五年（一三九八）良尊譲状の添状で「下条内御祈禱衆頭刑部僧都覚祐紛失状」と呼ばれたものである。紛失状とは土地財産の証拠文書が盗難に遭ったり、火災によって焼失した時、その文書の無効を宣言しそれに代わり作られた案文をいうが、[55]それらは関係者や近隣の住人の証言により効力を持っていた。[56]

〔史料5〕信太荘下条内祈禱衆頭覚祐等連署証文（『茨城県史料』中世編Ⅰ、円密院文書一四号、四三六頁）

信太荘下条内佐倉郷円密院文書事
右件文書、依₂当宿類火之難₁、代々文書一通不ㇾ残令₂焼失₁候半、依ㇾ之公方御尋之時者、下条内、衆徒支証立申候、依為₂後日₁衆中一同之状如ㇾ件

権律師覚祐（花押）
阿闍梨祐親（花押）
嘉慶元年六月一日
「（異筆）二月廿五日　寅年大難」

この署名者については、年不詳の某覚で[57]、権律師覚祐は後に刑部僧都となった下条内祈禱衆頭であり（僧綱では僧正・僧都・律師の順となっている）、阿闍梨祐親は安中寺内の因幡阿闍梨であるという。これ以前の応安六年（一三七三）什慶置文[58]によれば、発給者は祈禱代阿闍梨什慶となっている。この祈禱代は先の祈禱衆頭覚祐の代理ではないかと考えられる。とすれば、先の阿闍梨祐親（安中寺）も祈禱代という立場であったろう。この置文では下条佐倉郷内浦津毘沙門堂免田について「於向後、庶子・惣領義不可有候」と自らの家の惣領・庶子に譲らないよう但し書きがついており、実家との俗縁が切り離せない状態となっていた。

また、この紛失状を保証した衆徒とは寺院の下級僧侶のことで寺中衆徒（寺住衆徒）と田舎衆徒に分かれていた[59]。田村憲美氏は応永年間前後の東寺領大和国平野殿荘の衆徒・国民層の大部分は土豪であり[60]一乗院・大乗院両門跡の坊人に編成されていたが、その本貫地では村座を通じて荘に影響力を行使し、逆に惣からも規制されていた。土豪は地域的連合を形成し、在地寺院に子弟・一族を入室させていたという[61]。また、伊藤正敏氏は天正五年（一五七七）頃の紀州根来寺の衆徒・行人について独立した政治・軍事組織・法的主体であるとしている[62]。ここで注目されるのは衆徒がおよそ地域連合を結んでいた土豪で構成され、法的主体であったということであり、この場合の支証（相論の時に示す

証拠)を申し立てた保証主体としての衆徒一同の行為と重なっていた。先述の供僧同士の相論で出てくる什慶の宗派である天台宗檀那流では後代の天文年間頃「此代十坊ノ中不断所ノ衆徒等起二一揆一」という出来事も起きていた。[63]

6 惣荘鎮守と惣荘的結合

(1) 惣荘鎮守

次の永和元年(一三七五)信太荘上下条寺社供僧等申状案によれば、信太荘では荘内第一の惣廟の木原(楯縫神社、美浦村木原)・竹来社(阿弥神社、阿見町竹来)[64]を中心とし、諸郷の大小の寺社があり、天下守護の霊場であるとされていた。平安時代の「延喜式」には信太郡二社として楯縫神社・阿弥神社が上げられているが[65]、この二社が惣荘鎮守として位置づけられ、それ以外の諸郷の寺社を含んで惣荘的信仰圏が形成されていた。

〔史料6〕信太荘上下条寺社供僧等申状案(『茨城県史料』中世編Ⅰ、円密院文書一一号、四三六頁)

□〔信〕太庄□〔上〕下条寺社供僧等謹言上

欲乙早蒙下且被レ経二仏神御信敬御沙汰一、且以二僧徒御哀憐儀一、被レ懸三申御小袖宥免仰上、致甲二御祈禱精誠一、子細状、

副進御父《江州》御書下一通

右寺社者、往古之仏閣、数代之社等也、就レ中木原・竹来両社者、庄内第一之惣廟也、其外諸郷之大小寺社、天下守護之霊場也、然而去年被レ行二安堵之御沙汰一、下三賜上判一、成二末代喜悦之思一、偏致二息災延命之精祈一之処、被下懸二御小袖一申上条、無レ術次第也、故御父《江州》御時、以二執達之御書下一、上下条寺社共可レ致二御祈禱一事一旨、備二末代不朽之亀鏡一者也、若無二御叙用一者、堂舎崩倒之因縁、寺社牢籠之歟、可レ然者蒙二御免之御沙汰一、為レ致二御祈禱之精誠一、言上如レ件

永和元年十一月　日

ここで故御父と記されているのは、応安六年（一三七三）に亡くなった佐々木導誉のことと考えられる。佐々木導誉が信太荘下条を知行したのは観応二年（一三五一）から文和四年（一三五五）のことである。この導誉の時、上下条寺社とも祈禱を一事とすべきであるという書き出しを賜った。このように、佐々木導誉の要請による祈禱を通じて、領主、荘内各郷寺社、さらには荘民（檀那）との精神的紐帯が成立していたと言えよう。このため、信太荘上下条内には「御祈禱衆」「衆徒」といういわば郷村を越えた惣荘的組織が作られていたのである。供僧は寺院の長である院主（別当）のもとで法会・読経などを実際に行う複数の僧侶で、院主より免田を配分され寺と里の両方に居住し山野も用益でき田畑の耕作もするなど俗人としての側面も持っていた[66]。この供僧等が訴願の主体となっていることからも地域社会の中で重要な役割を果たしていたことが知られる。

これまでの流れをまとめると次のようになるであろう。ここで宗教的基盤となるおとなとは郷村の指導層であり、土豪は郷村の有力者で殿原層に当たるが、在地ではこの二つの指導層が並存していた。

図7　信太荘の宗教的結合

では、この「天下守護」「御祈禱」とは何であろうか。これは鎌倉後期に幕府が元寇後の異国降伏の祈禱を諸国の

一宮や国分寺など有力寺社にさせ（弘安三年・正応四年）、それにともない諸国一の宮の修造がなされ、それが諸国荘郷寺社にまで広がったことをもととする。寺社修造では勧進聖や修験者たちの勧進により行われたが、常陸国では鹿島社・吉田社・惣社が修造を行っている。また、祈禱では大般若経が国家安泰の経典とされ、異国降伏のため読誦や転読がなされた(67)。鹿島社では次の史料に見られるように、異国降伏の祈禱を幕府より命ぜられていたが、この「巻数」とは転読した大般若経の巻数を言う。

〔史料7〕北条時宗書状写（『茨城県史料』中世編Ⅰ、鹿島神宮文書三九八号、二四二頁）

異国降伏巻数大賀村分給候畢、謹言

五月一日弘安六年　（北条時宗）（花押影）

鹿島大禰宜殿

御返事

しかし、南北朝・室町時代に入ると祈禱の目的は荘郷内「安穏」などに変じ、天台系修験者の勧進を通じて地域民衆との信仰的結びつきが強まり、鎮守を守護することが「公」と見なされるようになっている(68)。鹿島社では「天下安全」の祈禱が鎌倉公方足利氏満よりの命で行われていた。木原社は後に信太荘一宮と称されるようになり（史料18）、年中行事では正月八日に大般若経転読が行われ、江戸時代まで続いていた(69)。

〔史料8〕（校正畢）鎌倉御所足利氏満判物写（『茨城県史料』中世編Ⅰ、鹿島神宮文書四〇四号、二四三頁）

同前

天下安全御祈禱事、近日殊可㆑令㆑致㆓精誠㆒之状如㆑件

康暦二年十月十七日　（足利氏満）御判

鹿島大神宮大禰宜（中臣治親）殿

⑵信太惣荘寺社供僧らの小袖銭免除歎願

こうした中で、先述のように信太荘上下条の寺社供僧等が小袖（銭）の宥免を求めているが、願い先に当たるのは、この時に信太荘上下条を知行していた小田孝朝であった。ここで言う小袖とは本来公家が着用した礼服の下着であるが、次第に公家・武家とも用いるようになった。なかでも絹小袖は貴重品であり、小袖の重ね着は一般的には厳しく制限されていた(70)。永徳三年（一三八三）には鎌倉円覚寺で夢窓疎石の三十三回忌仏事法事が行われた際、参加した鎌倉公方や各寺僧侶に小袖が引物として贈られたが(71)、その際、導師や公方足利氏満には小袖三重、真前御布施に二重、前浄智悦山和尚に一重というように、格式が高いほど重ね着の数が増えている（枚数の場合は領という）。

このように小袖は法事などの贈答品として重要な役割を担っていたが、その負担は配下の寺院に転嫁された。永徳四年の那智山執行法印道賢坊地・檀那職等譲状では、駿河国北安東荘内の松久名に小袖銭一貫文が賦課されていた(72)。このように小袖銭の賦課は寺社から配下の郷村に転嫁されるのであり、この信太荘の供僧等の求める「御小袖免除の沙汰」とは、小袖銭賦課を免除させることであったと解せられる。

しかし、願い先としては文面に「御親父」＝佐々木道誉とあるのであるから、その子で没後に京極氏の家督を継いだ三男高秀がふさわしいであろう。高秀は江北三郡（近江国浅井・井香・坂田三郡）の分郡守護となり、延文二年から貞治二年、応安三年～同五年に室町幕府侍所当人頭人（別当）を務めた(73)。よって、信太荘の元地頭であった佐々木導誉の子で幕府の要人であった秀高に小袖（銭）免除の歎願を行ったものであろう。とすれば、この小袖銭の賦課は鎌倉府ではなく幕府自身が行った可能性が高い。

信太荘上下条の寺社供僧が小袖銭の免除を願っているのも、実際に負担する郷村住民等の反対が根底にあったからであろう。その理由付けのため、荘内寺社の重要な役割が強調されている。すなわち、先述のように信太荘には荘内第一の惣廟の木原社（楯縫神社）・竹来《たかく》社（阿弥神社）を中心とした諸郷の大小の寺社があり、天下守護の霊場であるとしている。もし免除が認められなければ堂舎崩壊の因縁となり、寺社牢籠するとし、逆に免除されれば御祈禱の精誠を致すと述べている。ここで、これらの寺社は去年（応安七年〈一三七四〉）安堵の沙汰が行われ領主（小田孝朝）より上判を下されたと述べているが、こうした領主との宗教的つながりが元となって免除要求がなされているのである。

信太荘内の諸郷の寺社は土豪・おとなの精神的結合の拠り所であり、かつそれらの惣廟として木原・竹来両社があったのであるから、この小袖銭免除の歎願の背景には、各郷村の惣結合の結集体である惣荘（惣郷）があったと考えられる。藤田達生氏によれば、一四世紀以降惣荘的結合の課題は、荘園領主による収奪、激化する守護および近隣の在地領主による非法など、強力な全住民の結合紐帯を形成することにあったという(74)。ここで歎願をしているのが、上下条寺社供僧等（祈禱衆）であるが、先述のように各郷村のおとなは寺社の檀那となっていたのであり、これらの祈禱衆（衆徒）も各郷の意向を受けた事実上の郷村の代弁者であったと言えよう。

これに対して、衆徒が前面に出て守護に歎願する場合もあった。文明十一年（一四七九）多珂郡三三か郷の惣社となっていた多珂郡安良川八幡宮（高萩市安良川）の神主・衆徒等が社殿修造につき十穀（勧進聖）沙門光叶を頼み杣取りを課し木材を切らしめ、さらに守護佐竹氏に対して公銭徴収を歎願している。この場合は郡中の衆徒（土豪）が中心となり守護への歎願を行ったのであるが、慶長七年の安良川八幡宮領注進状によればこの神領八五七石のうち五六六石七斗三升が社家以外の七五人に与えられており(75)、これが衆徒の給分となっていたと考えられる。

三　室町期信太荘と惣政所の公的役割

1　上杉氏の支配

⑴「公方」と信太荘下条祈禱衆

先の紛失状(証文)は惣荘の衆徒中の保証により成立し、代々の円密院の住持の譲状でも証文として用いられてきたが、やはり領主が交替すれば新たな安堵が必要であった。そこで、次のように応永十八年(一四一一)に惣政所の土岐秀成による円密院免田の「当知行」の保証のための紛失状が出された。

〔史料9〕沙弥浄瑞土岐秀成紛失状(『茨城県史料』中世編Ⅰ、円密院文書一八号、四三七頁)

常陸国信太荘下条佐倉郷古渡之村円密院文書事

合田数肆段者

右、去至徳三年寅丙寅丙二月廿五日、依二類火之難一令二焼失一云々、雖レ然、為二紀明一、下条内衆徒中相尋之処、当知行無二相違一之由、一同被レ申之間、紛失状所レ出也、然者、於二御祈禱一者、可レ致二精誠一状如レ件

応永十八年九月六日　沙弥(花押)(浄瑞、土岐原秀成)

この中では、焼失した文書の内容についての安堵の過程が示されており、紀明・相尋を経て「当知行」の一同による確認、紛失状(安堵)の発給という流れとなっている。この安堵は小田氏が信太荘下条を知行していた時期には小田で行われていたのであるが、ここでは惣政所での土岐原秀成の安堵であり、在地からすれば山内上杉氏の権限を代行している「公方」ということになる。さて、ここで問題となった「当知行」とは、現在実質的に所領を占有している

状態をいい、所領の知行安堵は「当知行」でなければならなかった(76)。そのため、惣政所では「相尋之処、当知行無二相違一」という衆徒一同の証言により安堵がなされ、土岐原秀成による紛失状が発給されたのである。

図8 「公方」による紛失状安堵の順序

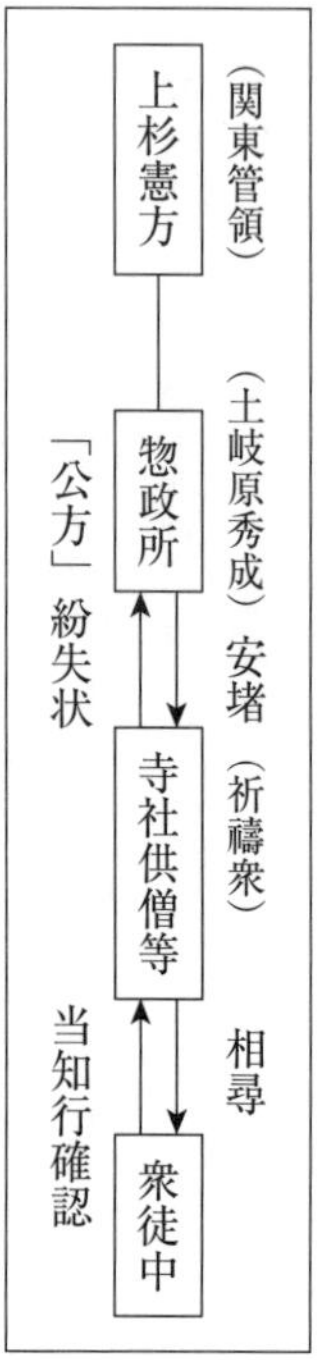

(2)惣政所の一揆的結合と公的役割

惣政所は、応永年間に信太荘支配のため領主の上杉憲定により、美濃国守護土岐氏の一族で被官の土岐原氏が配置されて成立した(77)。その初見は次の某覚で、応永十八年（一四一一）三月二十五日に下条の紛失状を披見し惣政所の土岐原秀成が判形を加えていることが知られる。

〔史料10〕某覚（『茨城県史料』中世編Ⅰ、円密院文書二四号、四三九頁）

惣政所土岐原入道殿（秀成）之時、応永十六年己丑三月廿五日、下条内之文書披レ見之一云云、紛失状同披見

右紛失状者、惣政所土岐原入道《左馬助》殿沙弥浄瑞之判也

また次のように、応永二十五年には信太荘下条佐倉郷毘沙門堂別当が盗賊の余類であったために逐電し、惣政所がその後の別当の選定を庄主玄航（監寺方）に依頼し任命されたので、佐倉郷小童幸明丸（諸岡右京亮子息）に渡し付けることとした。これは宿中で盗賊を捕らえ尋問する自検断が行われていたことを示している。

〔史料11〕荘主玄航渡状（『茨城県史料』中世編Ⅰ、円密院文書二〇号、四三七頁）

常陸国信太庄下条佐倉郷宿毗沙門堂別当職事
依二応永廿五年大方郷一盗賊、為二別当余類一之間、既令二逐電一、惣政所下二知庄主一、可二相計一之由、被二仰下一候之間、同佐倉郷小童幸明丸仁所二渡付一実也、仍為二後日一渡状レ如件
応永廿五戊戌年九月晦日　　庄主玄航（花押）

これを受けて同年十一月十九日、土岐原憲秀が幸明丸に補任状を発給している(78)。

このように惣政所は荘内の紛失状の安堵や寺院の住職の補任を行っていたが、それらはすべて在地の共同保証や本寺の任命を前提としており、地域における公的役割を果たしていた。これについては、榎原雅治氏も、公権の公権たる所以は在地の側の合意の存在という点にあると述べている。しかし、湯浅治久氏からは、惣政所による武家支配の下で惣百姓的動向は見られなかったという見解も出されている(79)。確かにここでは郷村の動向は直接見ることはできないが、先述の祈禱衆による小袖銭賦課免除の要求がなされていたように、宗教的な惣荘的結合の背景に百姓層の動きを見ることはできるのではないだろうか。

その一方で、惣政所はこうした惣荘的支配だけでなく、山内上杉氏の被官としての軍役も負っていた。

2　東国の騒乱と信太荘契約人々中

(1)　結城合戦と信太荘契約人々中

鎌倉公方足利持氏とその治政をめぐって対立を深めていた関東管領上杉憲実が、永享十年（一四三八）八月上野へ引き籠もったことに対し、持氏が討伐のため出陣したが、将軍義教は憲実の救援要請に応え持氏討伐の軍を発向させたため、翌年二月持氏は敗れて自害した（永享の乱）。しかし、永享十二年三月、鹿島・行方郡に逃亡していた持氏の遺

児安王丸・春王丸が常陸木所城（岩瀬町）で挙兵し結城城に入ると、幕府は討伐軍を派遣したが、その際、犬懸上杉持房に官軍の旗を持たせ関東に下し軍勢を動員した[80]。その官軍の旗については、総大将上杉清方より信太荘契約人々中に警固が命ぜられている。

〔史料12〕上杉清方判物（『茨城県史料』中世編Ⅰ、臼田文書五三号、四三三頁）

御旗警固事、□□談合、無二油断一之□□、可レ令二勤仕一候、努□《々》不レ可レ有二無沙汰之義一候、恐々謹言

六月十二日　清方《上杉》（花押）

信太庄契約人々中

この信太荘契約人々中とは、信太荘における惣政所の土岐原氏を中心とした国人の一揆である。しかし、幕府軍の結城城包囲戦は長引き、各地で反攻の機会を窺う者も出て来た。佐藤博信氏は、先の鹿島郡の鹿島氏や行方郡の芹沢氏ら公方派の人々が安王丸・春王丸を匿っていたと見ているが[81]、こうした人々も信太荘への攻撃を構えていたと考えられる。永享十二年十二月十五日、土岐原景秀と鳥名木国義が、山内上杉氏の奉行人力石右詮から霞ヶ浦の海賊取り締まりを命ぜられた。

〔史料13〕鳥名木国義請文（『茨城県史料』中世編Ⅰ、鳥名木文書二〇号、三六五頁）

去十二月十五日御奉書、同廿七拝見仕了、抑信太庄就二商船々一、若有二海賊之事一者、土岐修理亮《景秀》与可レ致二談合一之旨、被二仰出一候之由、蒙レ仰候、可レ存二其旨一候、此段可レ預二御披露一候、恐々謹言

正月十七日　右馬助《鳥名木》国義（花押）

謹上　力石殿

幕府軍の結城城への攻撃は翌永享十三年正月一日になされており、これに先立って海賊取り締まりの命令が出され

たと考えられるが、信太荘に出入りする商船を海賊から守るため、行方郡の鳥名木氏と信太荘の土岐氏と談合し両岸から海上を警備しようとするものであった。これは先述のように鹿島郡の鹿島氏、行方郡の芹沢氏側からの攻撃に備えてのことと考えられる。ただ、土岐原景秀自身は結城城攻撃に参加しており、信太荘契約中で分担して対処したと考えられる。同年四月十三日結城城は陥落し、安王丸・春王丸も捕らえられたが、「結城戦場記」には上杉清方被官として土岐原修理亮（景秀）が敵の頸を分捕ったことが記されている。[82]

(2) 臼田一族の起請文—佐竹実定の信太荘占拠未遂につき—

結城合戦終了後、永享の乱後に信濃国に逃れていた万寿王丸（成氏）が、東国の武士や幕府管領畠山持国の支持を得て文安四年（一四四七）三月に鎌倉公方に決定された。一方、これに先立つ文安二年に関東管領上杉清方が亡くなり、翌三年山内上杉氏の家督を上杉憲実の嫡男龍忠（憲忠）に継がせることとなった。しかし幕府では関東管領を引退していた上杉憲実を復職させようとしたが自ら家督に佐竹実定を推していたため拒否され、やむを得ず文安四年七月四日に龍忠を関東管領とする綸旨が下され、九月二十五日に関東に到着した。憲実はこれにも異議を挟み、鎌倉を出て伊豆に引退した。[83] こうした中で、文安四年十一月七日、次のように臼田氏一族が御内方に一味同心して上杉憲忠に忠誠を誓う起請文を書いた。この史料の写しを収めている「安得虎子」（宮本茶村著）では、「当殿様」の下に「〇義従」と注を付しているが、佐竹義従（義俊）と臼田一族との間に主従関係はなくこれは上杉憲忠の誤りで、渡辺世祐氏の『関東中心足利時代之研究』[84]や『茨城県史料』中世編Ⅱでもこの注を踏襲しているので、補正して使いたい。

〔史料14〕臼田一族起請文案（『茨城県史料』中世編Ⅰ、臼田文書三八号、四三〇頁）

当方御遺跡事、当殿様御出候上者、以二御内方一味同心之儀一、可レ致二忠節一候、若就二佐竹六郎（実定）殿御出張一、自二豆州（上杉）入道殿様（憲実）一、縦雖レ有二御調法之儀一、対二申当殿様一、御後暗心中不レ可レ有レ之候、若此条偽申候者

伊勢天照大神宮、八幡大菩薩可㆑罷㆓蒙御罰各㆒候、仍祈請文如㆑件

文安四年十一月七日

臼田二郎左衛門入道道祢

臼田但馬入道勝善

同　大炊助安重

同　左京亮時信

同　宮内左衛門尉安信

同　三郎四郎光兼

ここでは故上杉清方の遺領について、当殿様（上杉憲忠）が後継者として決まった上は御内方一味同心をもって忠節を致すこと、もし、後継の対立候補であった佐竹六郎殿（実定）の出張につき、豆州入道殿様（上杉憲実）よりたとえ調法の儀があっても、当殿様（憲忠）に対し後ろ暗き心中にはないということを起請したものである。ここから、山内上杉氏家督争いに敗れた佐竹実定が上杉憲実の支持を得て信太荘に進出し、臼田一族の協力の下信太荘を占拠しようとしていたことが窺える。この企ては未遂に終わったため、臼田一族は憲忠へ起請文を差し出すという形で始末を付けさせられたと考えられる。この後、享徳元年（一四五二）に佐竹実定は太田城を占拠し、佐竹当主であった兄義俊を追放している。

(3)享徳の乱と信太荘契約中

しかし、享徳三年十二月二十七日、足利成氏は関東管領上杉憲忠を西御門御所に招き謀殺し上杉一族を攻撃したが、これに対して幕府は、成氏追討のため憲忠の弟で在京奉公中の房顕を総大将＝関東管領として派遣した。房顕は関東に下向すると、さっそく信太荘山内衆に次のような享徳四年五月八日付けの総州御敵（成氏方の下総千葉常義父子）

退治の出陣を催促する文書を発給した。[85]

〔史料15〕上杉房顕判物（『茨城県史料』中世編Ⅰ、臼田文書四〇号、四三〇頁）

就㆓総州御敵退治㆒□（事、千葉カ）□円成寺名字中、彼国へ可㆓打越㆒候歟、然者、其方傍輩中令㆓談合㆒、彼国之境ニ取㆑陣、自㆓円成寺方㆒相通候者、同時越河致㆓忠節㆒候者、可㆑然候、謹言

五月八日　房顕（上杉）（花押）

信太庄山内衆□（中カ）

これによれば、千葉の円城寺名字中（円城寺下野守ら）が彼の国に打ち越すので、山内衆は傍輩中と談合して彼の国境に陣取り、円城寺より連絡があれば同時に河を渡り忠節を励むようにと命じた。信太荘山内衆は、この前後の史料に見られるように上杉氏被官で、土岐原氏を中心とした臼田・近藤一族らによる一揆結合もあった。

しかし次のように、信太荘山内衆の一人である近藤越後入道が違例となったので上杉房顕は「驚入」り、もし敵が出張してきても面々が談合し計略を廻らし油断しないようにと命じている。この違例は前例のないこと、貴人の病気のことであるが、ここで驚き入りとか迷惑であるとされていることから、これは出陣を拒否したことを意味するのではないかと考えられる。このように、上杉氏被官の土岐原・臼田・近藤一族による信太荘の一揆的結合にもひびが入るようになってきた。

〔史料16〕上杉房顕判物（『茨城県史料』中世編Ⅰ、臼田文書四二号、四三〇頁）

（切封）

就㆓近藤越後入道違例㆒、注進到来候、驚入候、迷惑令㆓推察㆒候、若敵出張之儀候者、面々有㆓談合㆒、可㆑廻㆓計略㆒候、努々油断之儀不㆑可㆑有㆑之候、巨細猶自㆓長尾方㆒可㆓申遣㆒候、謹言

三月十日

信太庄契約中　　房顕（上杉）（花押）

(4) 信太荘合戦

享徳の乱も、康正二年（一四五六）になると古河公方成氏側の防御態勢も整い、これに対して、上杉方も武蔵国五十《いか》子《こ》陣を中心とし江戸・河越城などを取り立て対峙することになったが、一方これを支援する幕府は、新たに将軍義政の弟政知を鎌倉公方に任命し、関東に下向させた。こうした中で長禄三年（一四五九）以降、上野・武蔵から上総の間の各地で戦いが展開した。その一つに信太荘合戦がある。(86) この合戦は「御内書案」によれば、長禄三年十一月に起きたもので、翌寛正元年（一四六〇）四月二十八日、将軍足利義政が佐竹実定の注進により黒田民部丞入道・簗備中入道・長沼修理亮・結城宮内少輔・結城刑部少輔・小田讃岐守（持家）・真壁入道（朝幹）らの戦功を賞した。(87)

〔史料17〕「御内書案」（『続群書類従』第二三輯下、続群書類従完成会、一九二四年、二九七頁）

飯尾左衛門大夫申㆑之、渡㆓蜷川孫右衛門尉親徹㆒訖

成氏対治事、参㆓御方㆒、去年十一月、於㆓常州信太庄㆒合戦之時、息治部少輔・同上総介并被官人波賀彦三郎等討死之旨、実定（佐竹）注進到来、誠忠節之至感悦候、次隠居事、被㆓聞食㆒候、尤不㆑可㆑然、不日令㆓出頭㆒運㆓計略㆒、弥励㆓軍功㆒者、可㆑有㆓抽賞㆒候、巨細尚勝元（細川）可㆓申下㆒候、仍太刀一振友成、刀一腰国吉遣㆑之候也

四月廿八日　御判

小田讃岐守殿

これによれば、幕府へ戦功の注進をしているのは、幕府＝上杉方として享徳元年（一四五二）佐竹氏当主佐竹義俊を太田城から追放し実権を握った佐竹実定であり、同じく四月二十八日に佐竹左京大夫（実定）へも御内書が出された

が、「就㆓関東事㆒、去年出㆓陣国中㆒之旨、被㆓聞食㆒畢、尤神妙」とあり、常陸国中で活動していた(88)。これらから考えれば、佐竹実定らの支援を受け信太荘防衛の中心を担っていたのは、実質的には惣政所の土岐原氏であったろう。

しかし、信太荘山内衆は分裂の危機も含んでいた。年不詳であるが関東管領上杉顕定（在任文正元年〈一四六六〉～永正七年〈一五一〇〉）は感状で、「臼田弥次郎并近藤八郎三郎被官原内匠助、其外一両輩、相㆓談小田㆒令㆓内通㆒、当要害可㆓乗取㆒行現㆑形之間、彼逆心之族遂㆓成敗㆒候故、于㆑今堅固之由申越候」と述べ、臼田弥次郎・近藤八郎三郎らが小田氏と内通し当要害（江戸崎城）を占拠しようとしたが臼田左衛門尉との協力で敗北させた、という土岐原源次郎の注進を載せている(89)。ここで臼井・近藤氏等の行為を「内通」「逆心」と批判しているように、信太荘山内衆による強い結束力が求められていた。

3 信太荘守護

こうした中で、文明八年（一四七六）七月二十八日、信太荘の一の宮である木原神社（楯縫神社）の社殿修理に当たり、土岐原景成の棟札が上げられたが、先述のように、惣政所土岐原氏にとって信太荘の在地社会の紐帯の要である惣荘鎮守を支えるのは、重要な役目であった。

〔史料18〕木原神社棟札写（『江戸崎町史編さん資料（一）　中世史料編（一）』安得虎子、四三頁）

文明八丙七月廿八日　　加藤式部丞藤原仲季判
土岐原修理亮　執行事　　一宮明神之神主
源氏景成　　社人禰宜

そして、その土岐原氏の立場は、次の大永五年（一五二五）久野郷観音堂の棟札にあるように、「当荘守護土岐原源次郎治頼并近藤八郎三郎藤原勝秀」という形で土岐原氏と近藤氏の結束による信太荘守護を図り、一族や在地勢力を結集することにあった。この近藤八郎三郎は、先に見たような反乱を起こしたのであるがその後帰服し、土岐原氏との再結束した姿をここで公に示したのであろう。

〔史料19〕観音寺棟札（『江戸崎町史編さん資料（一）　中世史料編（一）』牛久市久野、観音寺所蔵、四七頁）

常州信太荘久野郷当寺十一面観音之御堂
嘉禄第二之年中建立之以往、当寺大永五年乙酉
四月二十六日再興畢、大願主従二熊野山一下着之聖
教海十穀、大檀那当庄守護土岐原源次郎源治頼并
近藤八郎三郎藤原勝秀、殊当所領主土岐原親類孫九郎
頼基、乃至小檀那等裏二書之一云々

以上、中世後期の信太荘においては、武家支配の下で荘郷鎮守を中心とした宗教的ネットワークを通じた郷村結合との間に訴訟・安堵を行う関係が作られたが、これに基づいた公的権力は「公方」と呼ばれた。一方、惣荘を支配する側においても、上杉氏のもとで惣政所が置かれ、国人一揆的結合がなされていた。

おわりに

信太荘では中世前期において本家・領家の不知行状態が続き、在地では地頭による支配が行われたが、在地構造は明確となっていない。しかし、中世後期には本家・領家の支配も失われ、全く武家の支配する所となったものの、荘

園的秩序を前提として荘郷鎮守の宗教的紐帯が形成され、寺社の所職や免田の安堵や紛失状の署判を求める祈禱衆による訴訟がなされ、これに対する領主による安堵が「公方」として行われた。また、こうした領主との関係を元に、小袖銭賦課に対する惣荘な免除歎願も行われたが、このような寺社を支えたのは檀那となった郷村・宿のおとなであり、衆徒となった土豪層であった。そして、領主上杉氏の時代には、惣政所に結集した国人の一揆的結合をもって惣荘的支配が続けられた。このように、武家支配と在地社会との惣荘的一体化により荘園的秩序は存続したと考えられる。

註

（1）　網野善彦「常陸国信太荘について」（『茨城県史研究』四、茨城県、一九六六年）、山本隆志「常陸国信太荘の知行形態」（『茨城県史研究』七七、茨城県、一九九六年）、湯浅治久「中世末期の「都市的な場」と宗教」（『東国の物流と都市』山川出版社、一九九五年）、『龍ケ崎市史』中世編（龍ケ崎市、一九九八年、盛本昌広・市村高男氏執筆分）。

（2）　榎原雅治氏は中世後期の社会構造で惣荘に注目し、荘園領主の支配権の喪失＝荘園制の消失ではないとし、荘園制の中で培われてきた在地の身分秩序・慣習、それらに基づいた百姓たちの権利意識は長く息づいたとする（「地域社会における「村」の意識」『日本中世地域社会の構造』校倉書房、二〇〇〇年、四〇六頁、初出は一九九八年）。

（3）　榎原雅治「中世後期の地域社会と村落祭祀」（前註（2）『日本中世地域社会の構造』、初出は一九九二年）、湯浅治久「室町東国の荘園公領制と「郷村社会」」（国立歴史民俗博物館研究報告一〇四『室町期荘園制の研究』国立歴史民俗博物館、二〇〇九年、一九一頁）。室町期荘園においては荘園制的枠組みは荘園公領制から「寺社本所領・武家領体制」へ変じたが（『荘園史研究ガイドブック』一六〇・一七〇頁）、荘園制的な収取関係は生きており、それを土豪・地侍層の地域的一揆体制が支え、地域社会形成には荘郷鎮守とそのネットワークがあったとし、守護もこの秩序を吸収し地域の公儀とされた、という研究状況となっている(高橋一樹「序論」『室町期荘園制の研究』塙書房、二〇一〇年、一一・一二・一五頁)。

(4) 安嘉門院庁資忠注進抄(『龍ケ崎市史』中世史料編〈東寺百合文書〉、龍ケ崎市教育委員会、一九九七年、七〇頁)。

(5) 「延喜式」巻二八、四八(『茨城県史料』古代編、茨城県、一九六八年、一五七・一五九頁)、『御堂関白記』下、長和五年十月十九日条(岩波書店、一九五四年、七八頁)、『小右記』五、寛仁二年五月十五日条、長保元年十二月九日条(岩波書店、一九六九年、七八頁)、『宇治拾遺物語』四一話(岩波書店、一九九〇年、八五〜八八頁)、「官宣旨」(『平安遺文』八巻、三八八五〈東寺百合文書〉、東京堂出版、一九六三年、二九八三頁)、段木一行「古代末期東国の馬牧」(『中世村落構造の研究』吉川弘文館、一九八六年、九九頁、初出は一九八〇年)。

(6) 『日本女性人名辞典』(日本図書センター、一九九三年、七七頁)。

(7) 「台記別記」「兵範記」(『茨城県史料』古代編、二七三・二七四頁)。

(8) 前註(4)安嘉門院庁資忠注進抄。

(9) 堤禎子「常陸国」(『講座日本荘園史』5、吉川弘文館、一九九〇年、一一八頁)。

(10) 池大納言家領相伝系図(『久我家文書』第一巻、三六、國學院大學、一九八二年、七〇頁)。

(11) 陽明文庫本「平治物語」待賢門の軍の事・義朝敗北の事(新編日本古典文学全集四一『将門記・陸奥話記・保元物語・平治物語』小学館、二〇〇二年、四四九・四六六・四七四・四七五頁)、『平家物語』上、源氏揃への事(角川書店、一九五九年、一八八・一八九頁)。

(12) 『尊卑分脈』第二篇、国史大系第六〇巻下(吉川弘文館、一九六一年、二九一頁)。

(13) 前註(11)『平家物語』上、源氏揃への事(一八八・一八九頁)、『義経記』義経都落の事(岩波書店、一九五九年、一七八頁)。
(14) 網野善彦「常陸国における荘園・公領と諸勢力の消長」上(『茨城県史研究』二三四、一九七二年、一九頁、のち『日本中世土地制度史の研究』塙書房、一九九一年に再録)。
(15) 『延慶本平家物語』本文篇上(勉誠社、一九九〇年、七五・七六頁)。
(16) 『愚管抄』(岩波書店、一九六七年、三六八頁)。
(17) 「吾妻鏡」元暦元年四月六日条(『吾妻鏡』(一)、岩波書店、一三一頁)。
(18) 某奉書(『江戸崎町史編さん資料(一)　中世史料編(一)』金剛寺文書(江戸崎町史編さん委員会、一九八三年、五頁)。
(19) 前註(17)「吾妻鏡」養和元年二月二十八日条。
(20) 前註(17)「吾妻鏡」文治四年五月二十日条。「紀氏菅谷系図」(『寛政重修諸家譜』第一一、続群書類従完成会、一九六五年、三四頁)、『姓氏家系大辞典』第二巻(角川書店、一九六三年、二七五七頁)。
(21) 前註(14)網野善彦「常陸国における荘園・公領と諸勢力の消長」上。
(22) 前註(17)「吾妻鏡」文治四年六月四日条。
(23) 後宇多上皇院宣案(『龍ケ崎市史』中世史料編〈東寺百合文書〉、八五頁)。
(24) 前註(23)後宇多上皇院宣案。
(25) 太政官牒(『龍ケ崎市史』中世史料編〈東寺文書〉、八六・八七頁)。
(26) 関東下知状(『龍ケ崎市史』中世史料編〈東寺百合文書〉、九八頁)。
(27) 雑掌定祐請文(『龍ケ崎市史』中世史料編〈東寺百合文書〉、八八頁)。

（28）散位政宗請文（『龍ケ崎市史』中世史料編〈東寺百合文書〉、九一頁）。
（29）石井進「鎌倉時代の常陸国における北条氏領の研究」（『茨城県史研究』一五、一九六九年）。
（30）学衆方評定引付（『龍ケ崎市史』中世史料編〈東寺百合文書〉、一二一頁）、前註（1）山本隆志「常陸国信太荘の知行形態」。
（31）上杉重能寄進状（『江戸崎町史編さん資料（一）中世史料編（一）』浄智寺文書、二一頁）。
（32）『国史大辞典』2（吉川弘文館、一九八〇年、一五頁）。
（33）権現堂免田等安堵状案（『茨城県史料』中世編Ⅰ、円密院文書一号、四三四頁）。
（34）権現堂別当職補任状案（『茨城県史料』中世編Ⅰ、円密院文書二号、四三八頁）。
（35）観応二年石塔義房注進状写（『江戸崎町史編さん資料（一）中世史料編（一）』醍醐寺文書、二四頁）。
（36）市村高男「小田孝朝の乱と鎌倉府体制」（『牛久市史研究』八、牛久市、一九九九年、一六頁）。
（37）足利尊氏下文案（『龍ケ崎市史』中世史料編〈佐々木文書〉、二三二頁）。
（38）崇源寺鐘銘（『龍ケ崎市史』中世史料編〈日本古鐘銘集成〉、二三三頁）。
（39）常陸国海夫注文（『東町史』史料編、香取大禰宜家文書、二五〇頁）。
（40）上杉憲定充行状案（『茨城県史料』中世編Ⅰ、臼田文書三九号、四三〇頁）。
（41）前註（39）常陸国海夫注文（二五〇頁）。
（42）常陸国富有人注文写（『江戸崎町史編さん資料（一）中世史料編（一）』続常陸遺文、三五頁）。
（43）小森正明「常陸国富有人注文の基礎的考察」（『茨城県史研究』七一、一九九三年、一一頁）。
（44）親鸞門侶交名注文（『下妻市史』古代中世編、下妻光明寺文書、七頁）。

(45) 信太荘下条内祈禱衆頭覚祐等連署証文(『茨城県史料』中世編Ⅰ、円密院文書一四号、四三六頁)。
(46) 『日本国語大辞典』6(小学館、一九七三年、四三七頁)。
(47) 内山純子「天台談義所としての逢善寺」(『茨城史林』三〇、筑波書林、二〇〇六年、四八頁)。
(48) 前註(1)網野善彦「常陸国信太荘について」。
(49) 前註(20)『姓氏家系大辞典』第一巻(二七五七頁)。
(50) 信太荘下条内祈禱衆頭覚祐等連署証文(『茨城県史料』中世編Ⅰ、円密院文書一四号、四三六頁)。
(51) 前註(1)山本隆志「常陸国信太荘の知行形態」(三五頁)。
(52) 『国史大辞典』4(吉川弘文館、一九八三年、八五四頁)。
(53) 前註(36)市村高男「小田孝朝の乱と鎌倉府体制」(七頁)。
(54) 応永五年良尊譲状(『茨城県史料』中世編Ⅰ、円密院文書一六号、四三七頁)。
(55) 佐藤進一『古文書学入門』(法政大学出版局、一九九七年、一八～二〇頁)。
(56) 『古文書古記録辞典』(東京堂出版、二〇〇五年、四七四頁)。
(57) 年未詳某覚(『茨城県史料』中世編Ⅰ、円密院文書二四号、四三九頁)。
(58) 応安六年什慶(『茨城県史料』中世編Ⅰ、円密院文書一〇号、四三五頁)。
(59) 『小学館国語大辞典』(縮約版、一九八一年、一二四四頁)。
(60) 土豪の規定は黒川直則「中世後期の領主制について」(『日本史研究』六八、一九六三年)、峰岸純夫「村落と土豪」(『講座日本歴史』三、東京大学出版会、一九七〇年)に詳しい。
(61) 田村憲美「中世後期村落における在地寺院と土豪」(『日本中世村落形成史の研究』校倉書房、一九九四年、三二六・

三六二頁、初出は一九八四年)。
(62) 伊藤正敏『中世後期の村落』(吉川弘文館、一九九一年、四〇頁)。
(63) 檀那門跡承資并恵心流相承次第(『茨城県史料』中世編Ⅰ、逢善寺文書六号、四八九頁)。
(64) 『茨城県の地名』(平凡社、一九八二年、六〇四・六〇七頁)。
(65) 「延喜式」巻一五(『茨城県史料』古代編、一五一頁)。
(66) 坂本亮太「一三〜一五世紀における在地寺院と村落」(『歴史学研究』八八五、二〇一一年、四七〜四九頁)。
(67) 前註(3)榎原雅治「中世後期の地域社会と村落祭祀」(三六七〜三七一頁)。
(68) 前註(3)榎原雅治「中世後期の地域社会と村落祭祀」(三七四・三七五頁)。
(69) 『美浦村誌』(美浦村、一九八五年、九八頁)。
(70) 『国史大辞典』5(吉川弘文館、一九八四年、八一三頁)、『「鎌倉遺文」にみる中世のことば辞典』(東京堂出版、二〇〇七年、一四四頁)。
(71) 夢窓疎石三十三回忌仏事注文(『神奈川県史』資料編3、古代中世(3上)、四九三二号、六三一頁)。
(72) 那智山執行法印道賢坊地・檀那職等譲状(『神奈川県史』資料編3、古代中世(3上)、四九四五号、六四〇頁)。
(73) 『日本古代中世人名辞典』(吉川弘文館、二〇〇六年、四二三頁)、『中世史ハンドブック』(近藤出版社、一九七三年、二八二・二八三頁)。
(74) 藤田達生「地域的一揆体制の展開—菅浦惣荘における自治—」(『日本史研究』二七三、一九八五年、四頁)。
(75) 文明十一年安良川八幡宮神主・衆徒等申状写・慶長七年安良川八幡宮領注進状(『茨城県史料』中世Ⅰ、安良川八幡神社文書一・二号、四八三頁)。

(76)　前註(56)『古文書古記録辞典』(四一五頁)。
(77)　『江戸崎町史』(江戸崎町、一九九三年、五七頁)。
(78)　土岐原憲秀補任状(『茨城県史料』中世編Ⅰ、円密院文書二一号、四三七頁)。
(79)　前註(2)榎原雅治「中世後期の地域社会と村落祭祀」、湯浅治久「惣村と土豪」(『岩波講座日本歴史』第九巻、岩波書店、二〇一五年、一五一頁)。
(80)　小国浩寿『鎌倉府と室町幕府』(吉川弘文館、二〇一三年、一二二頁)。
(81)　佐藤博信「永享の乱後における関東足利氏の動向」(『古河公方足利氏の研究』校倉書房、一九八九年、四二頁、初出は一九八八年)。
(82)　「結城戦場記」(『江戸崎町史史編さん資料(一) 中世編(一)』三六頁)。
(83)　則竹雄一『古河公方と伊勢宗瑞』(吉川弘文館、二〇一三年、六～八頁)。
(84)　渡辺世祐『関東中心足利時代之研究』(新人物往来社、一九七一年、四二一頁)。
(85)　佐藤博信「足利成氏とその時代」(『古河公方足利氏の研究』校倉書房、一九八九年、六四頁、初出は一九八三年)、平田満男「土岐原氏と南常陸の国人層の動向」(東国戦国史研究会編『関東中心戦国史論集』名著出版、一九八〇年、のち『山内上杉氏』戎光祥出版、二〇一四年に再録)。
(86)　前註(85)佐藤博信「足利成氏とその時代」(七一頁)。
(87)　足利義政御内書写二〇九～二一三・二二七・二二八(戦国史研究会史料集1『足利義政発給文書』(1)戦国史研究会、二〇一五年、七二・七三、七七頁)。
(88)　足利義政御内書写二三二(前註(87)『足利義政発給文書』(1)七八頁)。

(89) 上杉顕定感状(『茨城県史料』中世編Ⅰ、臼田文書五一号、四三三頁)。

終 章　中世東国における惣郷＝郷村結合について

はじめに

郷村結合＝惣結合については、一九六〇年代に石田善人氏が中世前期の惣荘から中世後期の惣村への発展という流れを想定した。(1) 一方、峰岸純夫氏は、これについて①郷―村の二重構成に照応した惣郷―惣村と規定するが、荘園との関係は多様であるとして惣郷（荘）―惣村が展開したとし、②東国の惣郷は村落の未発達のため単一構成（例として武蔵国佐々目郷）となり、③中世後期の惣の二重構成については、単位村落（垣内的集落）における土豪・一般農民の結合である惣村と土豪層の広域性を基礎とする惣郷とが、土豪層を媒介として結合して成立したとした。(2) これに対し田村憲美氏は、近年では土豪の研究に集中し中世村落の基礎部分の追究が深められず、重層性村落のどれを惣村とみるのかで意見が分かれているとした。(3) また榎原雅治氏は、中世後期村落の「二重構成論」は、村落結合を惣荘と惣村の重層的な構造として捉える論で一般的には正しいが、村落が重層的構成をとるのは中世に特有なものではなく、中世前期村落からの移行過程が定式化されていないなど、いくつかの課題があるが、地主・小領主など惣指導者層に研究上の関心が移行し、「二重構成論」が村落論として展開することはなかったとした。(4)

そこで、ここでは改めて東国周辺の郷村に焦点を当てて惣郷＝郷村結合の実体を捉え返したいと考えるが、惣郷には、①すべての郷、②惣結合の二つの意味があり、(5)さらに②の中にも郷村の惣郷と荘園の惣郷があったので、それらの事例を示しつつ検討を加えたいと思う。

一　鎌倉時代の惣郷

(1)すべての郷

弘安六年(一二八三)の宇都宮式条は、二荒社＝宇都宮検校で御家人の宇都宮景綱が、神社・神宮寺の運営・修造と社領の支配などについて述べたものであるが、その中で、二荒社廻廊修理や大頭役用途につき惣郷に対して給免を配分すると述べているが、この場合の惣郷は社領全体の郷を指すと考えられる。同式条第一〇条に氏家・真壁郡司という記述があり、この地域が社領に当たると見られる。下野国氏家は宇都宮の北、真壁は南東にある。(6)

〔史料1〕宇都宮式条第一一条(『中世法制史料集』第三巻、岩波書店、一九六五年、五頁)

一、当社廻廊修理并九月九日大頭役用途、可レ配二-分惣郷内給免一事

右、雖レ為二各別給分一、為二神領一者、難レ遁二其所役一歟、然者於二郷内給免一者、彼神役出来之時者、任二田数一、惣郷内段別用途以二半分一、可レ致二沙汰一、至二于手足役一者、不レ可レ及二沙汰一、但雖レ為二惣郷之内一、帯二挙状一可レ除レ之矣

また、応永二十八年(一四二一)常陸三の宮吉田社領諸郷田数并年貢注文写に「惣郷田数百三十二丁歟」とあるが、(7)この場合の惣郷も吉田社領全体を指していると思われる。

(2)郷村の惣郷

元徳三年(一三三一)三月常陸国真壁郡長岡郷では、長岡郷地頭が売券の中で山野草木・用水については惣郷に任せ

介入しないことを買主に伝えた。これは惣郷が山野草木・用水の管理をしていたことを示している。

〔史料2〕長岡宣政売券案（『真壁町史料』中世編Ⅱ、真壁長岡古宇田文書五号、真壁町、一九八六年、三七頁）。

次云二山野草木一、云二用水一、任二惣郷一不レ可レ有二違乱一

⑶荘園の惣郷

元徳三年八月、官務家小槻氏を領主とする吉田社領雑掌が検注する場合は惣郷の慣行によることを、相論相手の吉田薬王院に伝えた。この惣郷は吉田社領の郷村の結合と考えられ、惣郷では検注についての在地慣行をもち、領主もそれに従っていたことを示している。

〔史料3〕吉田社領雑掌祐真和与状写（『茨城県史料』中世編Ⅱ、吉田薬王院文書一一号、二八四頁）。

検注事可レ依二惣郷例之旨一令レ申之上者、同止二訴訟一畢

二　南北朝・室町期の惣郷

⑴荘園の惣荘と郷村の惣郷

貞和三年（一三四七）十一月、美濃国大井荘薬田郷では、公方年貢の絹は代銭の場合は惣荘袈裟絹和市の定めによることとし、損亡の場合は惣郷の損得の状況により公方に年貢を直納することとした。これによれば、大井荘では、荘―郷に対して、惣荘―惣郷という重層的な惣的結合があったと言えよう。

〔史料4〕貞和三年十一月二十六日源義用名田売券（『大日本古文書』東大寺文書の八、五二七号、四〇頁）

永代売渡大井御庄内薬田郷名田事、合壱町者（中略）右名田者、源義用雖レ為二重代相伝之地一、依レ有二要用一、現銭廿

弐貫伍佰文仁限、永代石包名仁所レ奉二売渡一実正也、但公方所済事、伍段者、御年貢絹二疋、代銭者、惣庄袈裟絹和市之定、伍段者、散二失絹一疋前之袈裟絹一、和市仁肆佰文可レ減レ之、損亡者、任二惣郷之損得一、公方可レ有レ直二納之一（後略）

⑵郷村の惣郷

応永元年（一三九四）十月、鶴岡八幡宮領武蔵国足立郡佐々目郷では、今年は満作であるので年貢については百姓らは異議を申すべきではないのに、奸曲によって代官所務が減少した。依怙により往古の例に背きおのおの検見を拒否し、これを惣郷の引き懸けと号しているので、作柄の存否を確かめられず、百姓らが雅意に任せている、という。

応永五年六月、佐々目郷では、所務が有名無実となっていた、去年も半分から三分の二の満作であったが、百姓らが悪所をもって惣郷の引き懸けと称し奸曲をしようとし、依怙を存じ雅意に任せ年貢を抑留した。引き懸けとは①関係づけること、またあることにならってそれに従うこと、②先例をいうが[8]、この場合は①の意味で、悪所（不作の地域）をもって惣郷全体のものとすることを言い、領主の往古の例（先例）に対抗する論理となっていた。

〔史料5〕「鶴岡事書日記」（『神道大系』神社編二〇鶴岡、神道大系編纂会、一九七九年、八七頁）

（応永元年十月条）

今年者当郷満作候之間、於レ有レ限年貢一者百姓等不レ可レ申二異儀一之処、為二奸曲一代官所務減少、於二依怙一背二往古例一、令レ停二止各検見一、号二惣郷引懸一之間、不レ及二損否沙汰一、寄二於左右一不レ応二催促一、任二雅意一百姓等其聞有レ之

（応永五年六月条）

佐々目所務、近年有名無実候、去年も半分三分二者満作之由、雖レ有二其聞一、動百性以二悪所一号二惣郷引懸一而構二奸曲一存二依怙一任二雅意一、抑二留年貢一

三　惣郷と農民闘争の実体

(1)惣郷—村の構成

峰岸氏は、佐々目郷の農民闘争の張本百姓の多くは、居住地が記されていないものの氷川神社周辺（本郷と仮称）に居住していると推定し、本郷を中心とした張本百姓による農民闘争が繰り広げられたとする。しかし、それ以外の村落は未発達で惣村を形成していないと見なし、惣郷は本郷の上層農民中心の単一構成であったとする。(9)これに対して丸山雍成氏は、郷内の村落の発展が惣郷を結成させたのであり、惣郷は単一構成ではなく惣郷—惣村の二重構成であるとした。そして、氷川宮は佐々目郷の惣鎮守ではなく内谷地域の鎮守であり、郷惣鎮守は美女木の八幡宮であり、政所の所在地にも比定されており、よって、居住地の記されていない張本百姓一〇人を本郷居住とすることはできないし、農民闘争は本郷ではなくその外側の地域で展開されることが多い、とした。(10)佐藤和彦氏も、佐々目郷は各聚落（美女木など）—各郷（上郷・中郷・下郷）—惣郷（佐々目郷）と積み上げられた結合を背景に、古老百姓に指導された闘争が展開したという。(11)

しかし、ここで惣郷と聚落の間の上郷・中郷・下郷を各郷と呼んでいるが、これは中世の区分ではない上、郷でも村でもない。佐々目郷は鶴岡八幡宮の二五か坊分田支配の下で村落の姿が具体的に表れないこともあり、ただちに村落が未発達であるということはできない。張本百姓の居住地として禰宜橋・堤島・沼影・美女木・鈴屋・アヤカワ戸・水深などの名があるが、これらは単なる地名ではなく村か小村であったと考えられる（沼影・美女木はのちに近世村となっている）。

応永七年には上総国佐坪郷并一野村の場合のように、佐坪郷から分立化した一野村が連合して一対のものとして扱われ、佐坪・一野両村とも言われていた。武蔵国吉富惣郷の場合は、応永十八年に「吉富郷五ヶ村」として小村が五か村に分立しながらも連帯して一体のものとされていたが[12]、同郷より中河原村が分立し、その後再び加えられて六か村となった[13]。そのため、寛正二年(一四六一)七月には、鶴岡八幡宮では田口入道を代官として武州吉富郷の惣郷六か村を受け取っている[14]。このように惣郷は自立化しつつあった村を基礎とした結合体であったと考えられ、東国においても惣郷はそうした村を元とした二重構成をなしていたと言えよう。

(2)惣郷の指導者=古老百姓

では、佐々目郷の惣郷の指導者は、農民闘争の張本百姓一〇～一五人と同じであるかといえば必ずしもそうではない。郷の指導者はおとな百姓または古老百姓とも言われたが、佐々目郷においては、鶴岡八幡宮側が「善法ヲ始テ古老仁不レ可レ過二四五人一、召二彼等一可被レ尋レ之云々、雖レ然任二先規一始二善法・性法・長阿弥・本阿弥一已下十人可レ参之旨、被レ成二書下一訖[15]」として、張本百姓を召し出そうとする際、初めに古老四、五人にあたる善法・性法・長阿弥・本阿弥の名を上げたが、これがおとな百姓であったと考えられる。応永七年七月、鶴岡八幡宮は上総国佐坪・一野両村(佐坪郷并一野村)の年貢上納について「若尚有二可レ申子細一者、古老百姓等四五人可レ被二具参一[16]」として、もし申すべき子細があれば古老百姓四、五人が参上せよと迫っており、やはり四、五人のおとな百姓が指導層になっていた。

おわりに

これまでの郷村の変化を見るならば、中世前期には荘園の惣郷と郷村の惣郷が並存していた。前者の惣郷は実体的には惣荘であったが、これは矛盾した呼称ではなく、同一の実体を表す惣荘＝惣郷という交代可能な文言であった(吉田社領の場合は惣郷、美濃国大井荘の場合は惣荘と言い、摂津国粟生《あお》村(荘)の場合は惣荘とも惣郷とも呼ばれた)(17)。その基礎にあるのが郷村の惣郷であり、かつその郷のもとに村や小村が形成されていた(二重構成)。これを図化すれば次のようになろう。

図1　中世前期の惣郷

惣荘(惣郷) ―― 惣郷 ―― 村・小村

これに対して、中世後期の場合には惣荘―惣郷の関係は変わらないが、荘園や郷の内部で変化が起きていた。後者の場合、一つは佐坪郷并一野村のように、郷から村が分立し郷と村が並存して両村と呼ばれるような場合で、二つめは吉富郷の惣郷五か村のように、郷そのものが五～六の小村に分解し緩やかに惣郷としてまとまっている場合である。このように郷からの村や小村の分立化が進めば、逆に対領主権力との関係から上部の惣郷に結集してゆく必要性も生じてくると考えられる。

図2　中世後期の惣郷

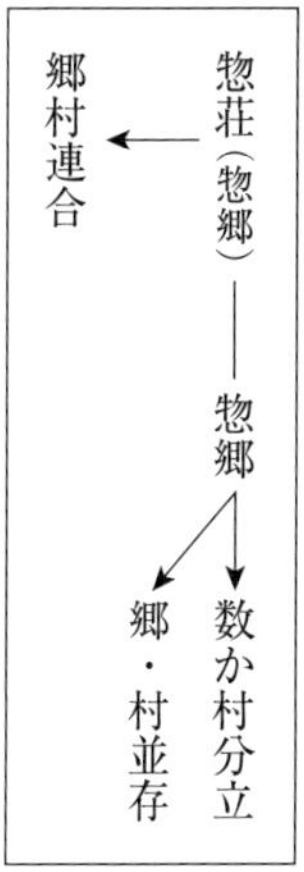

これら惣郷の中心となっていたのは中世前期の場合は惣荘が沙汰人であり、惣郷は住人であった。これに対し、中

世後期の場合、惣荘は荘園制が有名無実化していったため、郷村連合の惣郷として殿原（土豪）がリーダーとなり、惣郷（郷村）の場合は四、五人のおとな百姓が中心となって運営を行った。さらに、郷村結合には小百姓も加わるようになり、全体的に惣郷の力量を強化させていったと考えられる。

図3　郷村農民の構成

〈中世前期〉
沙汰人・住人・百姓 ┄┄▶ 殿原・おとな百姓・百姓
郷村結合

〈中世後期〉
（土豪）
郷村結合

註

（1）　石田善人「郷村制の成立」（『岩波講座日本歴史』中世4、岩波書店、一九六三年、三七〜七七頁）。ここで石田氏は村落共同体の概念規定として①村落が一個の完結体として確立し、②そこに住む農民が独立的な小規模経営を営みうる態勢が存在し、③かつ、それらの農民が村落と不可分に密着しており、④村落が再生産の手段としての不動産（田畠・山林・屋敷など）や所職・動産を所有し、灌漑用水を管理し、⑤年貢を農民の責任で上納する地下請が成立し、⑥さらに農民の手で自らの生活を律するための法規制、またはそれに違背する者を処罰しうる検断事実の存在することを上げている（四〇頁）。

（2）　峰岸純夫「村落と土豪」（『講座日本史』3、東京大学出版会、一九七〇年、一四九〜一六〇頁）。峰岸氏は村落共同体

「惣」は、①生産活動のための山野・水利・畦畔の共同利用、②政治的な支配と抵抗、③祭祀の三つの面における組織であるとした（一五〇頁）。
(3) 田村憲美「序章」（『日本中世村落形成史の研究』校倉書房、一九九四年、一二頁）。
(4) 榎原雅治「序章」（『日本中世地域社会の構造』校倉書房、二〇〇〇年、二一頁）。
(5) 『日本国語大辞典』によれば、惣郷という文言は出ていないが、惣については①すべてのもの、あらゆるもの、全体、②中世農民の自治組織という意味があるとされている（同書8、小学館、二〇〇一年、二〇五頁）。これに郷を付し①すべての郷、②中世の自治組織（惣結合）と捉え返した。石田善人氏は惣は国字で奈良時代には惣じていくらというように合計の意味で用いられ、平安中期には寺院で惣寺（満寺、一山）として一山全体の僧侶の組織のことをいい、後に村落組織としての惣が惣百姓の組織として表れるようになったとする（前註（1）石田善人「郷村制の成立」四一頁）。
(6) 宇都宮式条（『中世法制史料集』第三巻、岩波書店、一九六五年、四〇二頁）。
(7) 応永二十八年吉田社領諸郷田数并年貢注文写（『茨城県史料』中世編Ⅱ、吉田薬王院文書一三六号、三二一頁）。
(8) 『日本国語大辞典』11（小学館、二〇〇一年、一七九頁）。
(9) 前註（2）峰岸純夫「村落と土豪」一四九〜一六〇頁、田代脩「中世東国における農民闘争とその基盤」（『日本中世の政治と文化』吉川弘文館、一九八〇年、二八七・二八八頁）。
(10) 丸山雍成「室町時代における荘園村落と農民の動向—鶴岡八幡宮領武蔵国足立郡佐々目郷などを中心として—」（『戸田市史研究』7、戸田市史編纂室、一九八六年、四四・四五頁）。
(11) 佐藤和彦「東国社会と農民闘争」（『日本中世の内乱と農民運動』校倉書房、一九九七年、二八二頁）。
(12) 「鶴岡八幡宮寺社職次第」（『多摩市史』資料編一、多摩市、一九九五年）、『角川地名辞典』一三（角川書店、一九七八年、七四四頁)。
(13)『多摩市史』通史編一(多摩市、一九九五年、六九八~七〇七頁)。
(14)「当社記録」(香蔵院珎祐記録)(『埼玉県史』資料編八、埼玉県、一九八六年、一七六頁)。
(15)「鶴岡事書日記」応永四年十一月条(『神道大系』神社編二〇鶴岡、神道大系編纂会、一九七九年、一〇九頁)。
(16)前註(15)「鶴岡事書日記」応永七年七月条(一三八頁)、「鶴岡事書案」(『続群書類従』第三〇輯上、二四三頁)で一部修正。
(17)薗部寿樹『日本の村と宮座』(高志書院、二〇一〇年、二五頁)。

あとがき

私が歴史に興味を持つようになったのは小学三年生の時で、教室の後ろの壁いっぱいに日本史年表がイラスト付きで張ってあったのを見てからで、まず考古学に夢中になり、中学生になると、少年向きの日本史シリーズ本(ポプラ社)をノートに丸写しし、近隣の中世館跡の縄張り図を歩測で描き、高校生の時には『将門記』(新読書社)を買って研究を始めた。そして、國學院大學に進学してからは史学会という学生サークルの中世史部会に入り、先輩や仲間たちとともに東寺領備中国新見荘に関する東寺百合文書を読み、さらには分散した史料を集め自分たちで史料集を刊行し、岡山県新見市での現地調査を行った。これらは決して順調に行われたのではなく、サークル活動そのものの危機的状況との闘いでもあった。

こうした状況の中で荘園史研究の史料分析、景観調査の基礎を身につけたのであるが、理論面では先輩で当時『講座日本史』(東京大学出版会、一九七〇年)の論文を執筆していた北爪真佐夫氏から、最新の京都学派(戸田芳実・河音能平・大山喬平氏等)の、院政期からの中世の成立、新しい領主論、農民的小経営の存在等を学んだことが大きく、その後の研究に生きている。卒業後は高校教員を務めながら、茨城大学の長谷川伸三先生に農村分析、世直し論を学びつつ近世・近代の研究を続けた。

退職後は中世史研究に戻り、茨城大学大学院(修士課程)で高橋修先生につき新しい中世社会論を、ついで國學院大學大学院(博士課程後期)では千々和到先生、池上裕子先生のもとで実証主義に基づき中世東国村落史を研究テーマとして学んだが、近年注目される戦国期の自力の村の原点を求め、平安・鎌倉時代の中世村落の形成にまで遡って事例研究を行い、ここに挙げた論文を仕上げた。今後、これを起点とし、南北朝期以降の村落の研究についても刊行したいと考えている。

最後に、これまでご指導をたまわった先生方、ご鞭撻いただいた研究者の方々にはささやかなご報告とともに、心底より感謝の意を表したいと思います。

初出一覧

第一章 『国史学』第二二七号、二〇一九年二月発行、加筆修正
第二章 『地方史研究』第三九七号、二〇一九年二月発行
第三章 『國學院大學大学院史学研究集録』第三七号、二〇一二年三月発行、加筆修正
第四章 『茨城大学大学院人文社会科学研究科院生論集』第一号、二〇一七年一二月発行、加筆修正
終　章　新稿

著者略歴

高橋　裕文（たかはし・ひろぶみ）
1948年、茨城県に生まれる
1970年、國學院大學文学部史学科（専攻日本中世史）卒業
茨城県立水戸ろう学校・同大子第一高等学校勤務を経て、同東海高等学校教諭を歴任し、2008年退職
2010年、茨城大学大学院人文科学研究科文化構造専攻修了
2017年、國學院大學大学院文学研究科史学専攻博士課程後期修了、博士（歴史学）
現在、那珂市史編さん専門委員、東海村文化財保護審議会委員

主な著書
『那珂郡農民一揆』上・下（筑波書林、1980年）
『常陸国石神城とその時代』（共著、東海村教育委員会、2000年）
『幕末水戸藩と民衆運動―尊王攘夷運動と世直し―』（青史出版、2005年）
『中世那珂台地と領主』（那珂市教育委員会、2019年）

中世東国の村落形成―中世前期常陸国を中心に―　岩田選書◉地域の中世21

2020年（令和2年）5月　第1刷　400部発行　定価［本体2600円＋税］
著　者　高橋　裕文

発行所　有限会社岩田書院　代表：岩田　博　http://www.iwata-shoin.co.jp
〒157-0062 東京都世田谷区南烏山4-25-6-103　電話03-3326-3757　FAX03-3326-6788

組版・印刷・製本：ぷりんてぃあ第二

ISBN978-4-86602-097-6　C3321　¥2600E